REIKI II eröffnet einen tieferen Zugang zur universellen Lebensenergie und erweitert die Grundlagen des ersten Grades. Mit neuen Symbolen wie Cho Ku Rei, Sei He Ki und Hon Sha Ze Sho Nen bietet diese Stufe kraftvolle Werkzeuge, um körperliche, emotionale und mentale Blockaden aufzulösen und Heilung auf einer tieferen Ebene zu fördern.

Dieses Buch dient als umfassender Leitfaden für die Praxis von REIKI II. Es führt in die Anwendung der Symbole ein, beleuchtet deren transformative Wirkung und zeigt, wie sie im Alltag genutzt werden können, um mehr Ausgeglichenheit, Klarheit und spirituelles Wachstum zu erreichen.

Darüber hinaus wird die Bedeutung der fünf Lebensregeln vertieft und gezeigt, wie diese zu einem Leben in Harmonie und Fülle beitragen können. Mit praktischen Anleitungen und inspirierenden Einsichten unterstützt dieses Buch alle, die ihr Verständnis von REIKI vertiefen und die heilende Kraft der universellen Lebensenergie voll ausschöpfen möchten.

AF208887

# REIKI II

*Seminare 2*

# REIKI II - SEMINARE 2
## REIKI AUF EINER NEUEN STUFE

Olaf Reinke

# Impressum

Bibliografische Information der Deutschen Nationalbibliothek:
Die Deutsche Nationalbibliothek verzeichnet diese Publikation in der Deutschen Nationalbibliografie; detaillierte bibliografische Daten sind im Internet über http://dnb.dnb.de abrufbar.

Verlag: BoD · Books on Demand GmbH,
In de Tarpen 42, 22848 Norderstedt
Druck: Libri Plureos GmbH, Friedensallee 273,
22763 Hamburg
ISBN: 978-3-7693-0212-7

# Inhalt

*Ein Weg, der durch Liebe sich zeigt,*
*wo Gesundheit und Heilung sich neigt.*
*Durch Reiki entfacht,*
*in sanfter Macht,*
*wird das Licht des Herzens gereicht.*

## Einführung in REIKI II –
## Ein Weg der Energie und Heilung

*In sanften Strömen fließt die Kraft,*
*die Heilung bringt und Hoffnung schafft.*
*Ein Hauch von Licht, das leise spricht,*
*führt uns zum Einklang, der niemals bricht.*

REIKI ist für viele von uns mehr als nur eine Methode zur
Linderung körperlicher Beschwerden. Es eröffnet uns einen
tiefen Zugang zur universellen Lebensenergie und geht weit
über die Anwendung einer Technik hinaus. Es verkörpert eine
Lebensphilosophie, die uns darin unterstützt, mit der
allgegenwärtigen Energie im Einklang zu sein – sei es Ki, Chi,
Brahma oder der Hauch Gottes. Diese universelle Energie
durchdringt alles und schafft eine tiefe Verbundenheit mit der
Welt um uns herum.

# Die körperliche Dimension des REIKI

*Es war mal ein Meister mit Blick,*
*der heilte mit Händen Geschick.*
*Durch Strömen und Fließen,*
*ließ Schmerzen vergießen,*
*so wirkte der körperlich' „Trick"!*

Die erste Berührung mit REIKI erfolgt meist auf der körperlichen Ebene. Indem wir unsere Hände sanft über oder auf den Körper legen, werden sie zu Kanälen für die universelle Energie. Diese Energie aktiviert die Selbstheilungskräfte, löst Spannungen und unterstützt die Regeneration des Körpers. Sie wirkt wie ein sanfter Strom, der das Gleichgewicht im physischen Körper wiederherstellt. Oft spüren wir dies als wohlige Wärme oder leichtes Kribbeln, das in tiefe Entspannung führt.

REIKI basiert auf der Annahme, dass unser Körper ein natürliches Potenzial zur Selbstheilung hat, sobald ihm die nötige Energie zur Verfügung steht. Doch körperliche Heilung ist nur ein Aspekt des Ganzen. Die REIKI-Praxis geht über das Physische hinaus und wirkt auch auf energetischer Ebene.[1] Blockaden, die durch Stress, negative Emotionen oder traumatische Erlebnisse entstehen, können den freien Energiefluss behindern und langfristig zu Beschwerden führen. REIKI hilft, diese Blockaden zu lösen und den Fluss der Energie zu harmonisieren. Das Resultat ist ein Gefühl tiefer Erleichterung und innerer Balance.

---

[1] Vera F. Birkenbihl erklärt dies sehr anschaulich:
https://www.youtube.com/watch?v=8l_P9xbLdvA

# Die spirituelle Dimension des REIKI

*Ein Meister entdeckte mit Fleiß,*
*was den Geist führt in die Tiefe und Weis'.*
*Er verband Herz und Sinn,*
*führte Seelen dahin,*
*wo der göttliche Funke heiß.*

REIKI öffnet auch die Tür zur spirituellen Heilung und Selbsterkenntnis. Durch kontinuierliche Praxis entsteht eine tiefere Verbindung zu unserem inneren oder höherem Selbst. Diese Verbindung führt uns zu unserem wahren Wesen – dem Teil von uns, der untrennbar mit der universellen Energie verbunden ist. Dieses Bewusstsein schenkt uns ein neues Verständnis unserer Existenz. Wir erkennen, dass wir nicht getrennt, sondern in einem Netz der Verbundenheit mit allem Leben existieren.

Diese Einsicht kann eine tiefe Veränderung in unserem Leben bewirken. Sie ermutigt uns, über alltägliche Sorgen hinauszublicken und uns auf das Wesentliche zu konzentrieren. In dieser Dimension finden wir Antworten auf Fragen, die uns lange beschäftigt haben. Durch REIKI erfahren wir inneren Frieden und eine tiefe Verbundenheit, was uns ermöglicht, alte Muster und Glaubenssätze zu erkennen, anzunehmen und schließlich loszulassen. Dieser Prozess der Erneuerung hilft uns, unser volles Potenzial zu entfalten.

# Die Bedeutung der Meditation im REIKI

*Ein Meister saß still in Gebet,*
*wo der Geist sanft in Stille gerät.*
*Durch Meditation,*
*floss Heilung davon,*
*und der Weg war klar erspäht.*

Meditation ist nicht nur ein wichtiger Bestandteil der REIKI-Praxis, sondern auch ein Schlüsselelement für die Förderung von Achtsamkeit und innerer Ausgeglichenheit. Sie hilft dabei, den Geist zur Ruhe zu bringen und die Verbindung zur universellen Lebensenergie zu vertiefen. Indem wir regelmäßig meditieren, erfahren wir eine geistige Klärung, die es uns ermöglicht, die subtilen Energien, die uns umgeben, deutlicher wahrzunehmen und zu lenken.

Wissenschaftliche Studien haben gezeigt, dass Meditation eine Vielzahl von positiven Effekten auf den Körper und Geist hat. Eines der bemerkenswertesten Ergebnisse der Meditationspraxis ist das Schrumpfen der Amygdala – dem Teil des Gehirns, der für die Bewertung und das Empfinden von Angst zuständig ist. Mit zunehmender Meditation nimmt die Aktivität in diesem Bereich ab, was zu einer reduzierten Stressreaktion und größerer emotionaler Stabilität führt. Diese Veränderung trägt nicht nur zur Stärkung unserer Resilienz bei, sondern auch zu einem erhöhten Gefühl der Ausgeglichenheit und Gelassenheit im Alltag.

Meditation hat auch messbare gesundheitliche Vorteile. Regelmäßige Praxis kann helfen, Blutdruck und Stresshormone zu senken, das Immunsystem zu stärken und die allgemeine körperliche Gesundheit zu verbessern. Die Praxis der Achtsamkeit, die eng mit der Meditation verbunden ist, lehrt uns, im gegenwärtigen Moment zu sein und unsere Gedanken und Emotionen ohne Urteil wahrzunehmen. Dies hilft uns, ein tieferes Bewusstsein für unser körperliches und emotionales Wohlbefinden zu entwickeln und unterstützt den Heilungsprozess auf allen Ebenen.

Ein wesentlicher Aspekt der Meditationspraxis besteht darin, den eigenen Rhythmus zu finden. Es geht nicht darum, eine festgelegte Zeit oder Technik zu erzwingen, sondern darum, auf den eigenen Körper und Geist zu hören und eine Form der Meditation zu wählen, die sich natürlich anfühlt. Manche Menschen finden ihren Weg durch geführte Meditationen, während andere die Stille bevorzugen. Wichtig ist, dass die Meditation in den persönlichen Alltag integriert wird und so zu einer Quelle der Stabilität und Kraft wird.

Ein weiterer zentraler Bestandteil der Meditation ist das Finden des „inneren Lächelns". Diese Praxis, die in vielen Meditationsrichtungen gelehrt wird, hilft uns, eine tiefe, innere Zufriedenheit und Selbstakzeptanz zu kultivieren. Das innere Lächeln ist kein äußeres Zeichen, sondern ein Gefühl der inneren Freude und Gelassenheit, das sich aus der Verbindung zu unserem wahren Selbst ergibt. Dieses Lächeln ist Ausdruck von Harmonie, die wir durch die Meditation erreichen können, und erinnert uns daran, dass Frieden und Heilung von innen kommen.

Die Verbindung von Meditation und REIKI ist besonders kraftvoll, weil sie es uns ermöglicht, tief in unser Inneres einzutauchen und emotionale sowie mentale Blockaden zu erkennen und aufzulösen. In diesem Zustand von innerer Klarheit öffnet sich unser Energiefeld vollständig für die universelle Lebensenergie, die uns in ihrer vollen Kraft durchströmt. Diese Erfahrung ist nicht nur heilsam, sondern auch transformierend, denn sie zeigt uns, dass die Quelle der Heilung und Weisheit in uns selbst liegt – immer zugänglich, wenn wir den Raum schaffen, um sie zu erfahren.

## Der energetische Schutz im REIKI

*Ein Meister, der achtsam bedacht,*
*schützt sich selbst mit Reiki-Gewacht.*
*Vor Kräften, die stören,*
*lässt er sich nicht betören,*
*bleibt für heilende Energien in Pracht.*

Ein wichtiger Aspekt der REIKI-Praxis ist der energetische Schutz. In unserer täglichen Praxis lernen wir, wie wir uns vor negativen Einflüssen und Energien schützen können. Dies ist besonders wichtig, da wir im Laufe unseres Lebens auf viele verschiedene Energien treffen, die uns aus dem Gleichgewicht bringen können. REIKI lehrt uns, unsere eigene Energie zu bewahren und gleichzeitig offen für heilende Energien zu bleiben.

Der energetische Schutz, den REIKI bietet, ist wie ein unsichtbarer Schild, der uns umgibt. Dieser Schutz hilft uns, unsere eigene Energie zu stabilisieren und negative Einflüsse von außen abzuwehren. Er ermöglicht es uns, in unserer eigenen Kraft zu bleiben und unsere Energie gezielt für Heilung und Wachstum einzusetzen. So können wir auch in schwierigen Situationen und im Umgang mit herausfordernden Menschen unsere innere Balance bewahren. Dazu mehr bei der Beschreibung der Symbole.

# Die Lebensprinzipien im REIKI

*Ein Lehrer sprach weise und klar:*
*„Die Prinzipien sind immer da.*
*Nur heut' bleib gelassen,*
*lass Wut einfach passen,*
*sei dankbar, dann wird alles wahr*

Die fünf Lebensprinzipien des REIKI sind von zentraler Bedeutung für die Lehren von Sensei Mikao Usui, dem Begründer dieser Praxis. Für ihn waren diese Regeln weit mehr als bloße Weisheiten – sie bildeten das Fundament des Lebens unter uns Menschen. So wichtig waren sie, dass er seine Schüler dazu anhielt, sie regelmäßig zu rezitieren. Diese Prinzipien sollen nicht nur den Verstand, sondern auch das Herz ansprechen und uns in unserem täglichen Leben begleiten.

Die Regeln selbst sind einfach und doch tiefgründig. Sie lauten ganz frei übersetzt:

1. **Gerade heute: Sei nicht ärgerlich.**

2. **Gerade heute: Sorge Dich nicht.**

3. **Gerade heut: Sei dankbar.**

4. **Arbeite hart, auch an Dir selbst.**

5. **Sei freundlich zu anderen.**

Die Lebensprinzipien dienen uns als stetige Erinnerung, im gegenwärtigen Moment zu verweilen und unser Handeln bewusst zu lenken. Sie unterstützen uns dabei, die Negativität des Alltags hinter uns zu lassen und stattdessen Gelassenheit, Dankbarkeit und Mitgefühl zu pflegen – Eigenschaften, die essenziell für ein ausgeglichenes und erfülltes Leben sind. Sensei Usui erkannte, dass Heilung nicht nur auf der körperlichen Ebene geschieht, sondern tief in unsere Gedanken, Gefühle und Handlungen hineinwirkt.

In meinem eigenen Buch und dem dazugehörigen Seminar, das sich den fünf Lebensregeln widmet, gehe ich auf die tiefere Bedeutung dieser Prinzipien ein. Ich lade die Teilnehmer dazu ein, diese Regeln nicht nur zu verstehen, sondern auch in ihren Alltag zu integrieren. Es geht darum, die Prinzipien zu einem Teil unseres Lebens zu machen, sodass sie uns nicht nur bei der persönlichen und spirituellen Entwicklung unterstützen, sondern uns auch helfen, im Einklang mit uns selbst und unserer Umwelt zu leben.[2]

Die Lebensregeln sind nicht als starre Dogmen zu verstehen, sondern als flexible Richtlinien, die uns in jeder Lebenslage Orientierung bieten. Sie ermutigen uns, alte Gewohnheiten, die uns nicht mehr dienen, loszulassen, und stattdessen ein Leben zu führen, das mit unseren tiefsten Werten übereinstimmt. Durch die regelmäßige Reflexion und Anwendung dieser Prinzipien schaffen wir Raum für ein tieferes Verständnis unserer selbst und unserer Beziehungen zur Welt um uns herum.

Die Integration dieser Prinzipien in unser tägliches Leben stärkt nicht nur unsere persönliche Resilienz, sondern ermöglicht es uns auch, authentisch und mitfühlend mit anderen in Beziehung zu treten. Die regelmäßige Anwendung der Prinzipien unterstützt uns auf unserem Weg zu einem erfüllten und

---

[2] Olaf Reinke, REIKI – Die Lebensregeln, Seminare IV, November 2024

harmonischen Leben. Sie bieten uns nicht nur die Möglichkeit zur persönlichen Weiterentwicklung, sondern tragen auch zu einer tiefen spirituellen Transformation bei. Trotz allem: die Formulierungen sind Kinder Ihrer Zeit![3]

Indem wir uns den Lebensregeln verpflichten, lernen wir, bewusster und achtsamer zu leben. Wir entwickeln ein tieferes Verständnis für den Fluss des Lebens und unsere Rolle darin. Diese Prinzipien helfen uns, unseren Geist zu klären, uns auf das Wesentliche zu fokussieren und in Harmonie mit den universellen Kräften zu leben, die REIKI lehrt.

## Der Weg des REIKI

> *Ein Suchender fand seine Spur,*
> *durch Reiki erlebte er nur:*
> *Mit Händen und Herz,*
> *ganz frei von dem Schmerz,*
> *führte Liebe ihn sanft auf die Spur.*

Für diejenigen, die den ersten Grad des REIKI abgeschlossen haben, eröffnet sich eine Welt voller neuer Möglichkeiten. Mit jedem weiteren Schritt vertiefen wir unser Verständnis der universellen Lebensenergie und entdecken, dass REIKI weit mehr ist als eine Technik zur Heilung. Es bietet uns die Chance, ein Leben in Harmonie, Ausgeglichenheit und innerem Frieden zu führen. Durch REIKI lernen wir, unser wahres Potenzial zu entfalten und die Fülle des Lebens in all ihren Facetten zu

---

[3] Kurz her dargestellt: https://www.house-of-light.gr/de/reiki1/usui-reiki/lebensregeln.html

erkennen – sowohl in uns selbst als auch in der Welt um uns herum.

Mit den Symbolen des REIKI II, wie **Cho Ku Rei**, **Sei He Ki** und **Hon Sha Ze Sho Nen,** eröffnet sich uns eine tiefere Dimension der Energiearbeit. Diese kraftvollen Werkzeuge unterstützen uns dabei, Blockaden zu lösen, emotionale Heilung zu fördern und über Raum und Zeit hinweg zu arbeiten. Doch sie sind nicht nur Symbole, sondern sie sind Schlüssel zu einem erweiterten Bewusstsein, welches uns hilft, auf allen Ebenen – körperlich, emotional, mental und spirituell – Heilung und Wachstum zu erfahren.

REIKI ist eine Einladung, das Leben in vollem Bewusstsein zu leben und die universelle Lebensenergie als ständigen Begleiter und Lehrer anzunehmen. Diese Praxis lehrt uns, im Einklang mit uns selbst und der Welt zu sein, unseren Geist zu klären, unseren Körper zu heilen und unser spirituelles Wachstum zu fördern. Sie eröffnet uns immer wieder neue Horizonte und ermutigt uns, die Welt mit offenen Augen und offenem Herzen zu erkunden, während wir die Kraft der universellen Energie in jedem Aspekt unseres Lebens erfahren.


## Gesundheit und Heilung – Ein Weg der Liebe

> *Im Herzen glimmt ein sanftes Licht,*
> *das Heilung schenkt und Schatten bricht.*
> *Mit Liebe, die den Schmerz vertreibt,*
> *beginnt der Weg, der uns befreit.*

Wie bereits angedeutet, ist die Praxis des REIKI in der tiefgründigen Welt der Selbstfindung und des spirituellen Wachstums weit mehr als eine Heilungsmethode. Sie lädt uns dazu ein, den Weg der Liebe zu beschreiten und uns auf eine tiefgreifende Transformation einzulassen, die auf allen Ebenen unseres Seins wirkt. Diese Transformation beginnt mit der Akzeptanz. Byron Katie beschreibt in ihrem Ansatz „Liebe, was ist!", dass wahre Heilung erst dann möglich wird, wenn wir die Wirklichkeit in jedem Moment so annehmen, wie sie ist.

Die Idee, das zu lieben, was ist, fordert uns auf, die Gegenwart vollständig zu umarmen. Akzeptanz ist dabei der erste Schritt in Richtung Heilung. Sie ermöglicht es uns, nicht nur die sichtbaren Symptome von Krankheit oder Unwohlsein zu betrachten, sondern auch die inneren Konflikte und Blockaden zu erkennen, die oft tieferliegende Ursachen des Leidens sind.

Louise Hay[4], die die Macht von Gedanken und Affirmationen betont, lehrte, dass körperliche Beschwerden häufig ein Spiegelbild unserer inneren Glaubensmuster sind. REIKI, kombiniert mit der bewussten Lenkung unserer Gedanken, kann tiefe Heilungsprozesse initiieren. Ihre zentrale Botschaft lautet: Heilung beginnt im Geist. Ein Geist, der Liebe und Akzeptanz wählt, schafft die Grundlage für tiefgreifende Heilung.

Robert Betz[5] erweitert diese Perspektive, indem er betont, dass emotionale Heilung durch die bewusste Annahme und Transformation unserer Schattenaspekte erreicht wird. Jeder Schmerz, so Betz, ist eine Aufforderung zur Selbstreflexion und zur Veränderung unserer inneren Dialoge. Auch im REIKI ist diese Auseinandersetzung mit den eigenen Emotionen und inneren Konflikten von zentraler Bedeutung. Die universelle

---

[4] Ein kurzer Artikel zu Louise Hay:
https://de.wikipedia.org/wiki/Louise_Hay [4]
[5] Kurzer Artikel zu Robert Betz:
https://de.wikipedia.org/wiki/Robert_Betz

Lebensenergie, die durch REIKI fließt, unterstützt uns dabei, Blockaden aufzulösen und uns unseren Ängsten und tief verwurzelten Schmerzen zu stellen. In Kombination mit der Energiearbeit von REIKI können wir uns auf eine tiefergehende Heilung einlassen, die nicht nur körperliche Beschwerden lindert, sondern auch die emotionalen und mentalen Wunden anspricht. So hilft REIKI, den Weg für emotionale Klärung und Transformation zu ebnen.

Chuck Spezzano[6], der die „Psychologie der Vision" lehrt, unterstreicht die Bedeutung von zwischenmenschlichen Beziehungen als Rahmen für Heilung. In der liebevollen Verbindung zu anderen Menschen können wir sowohl geben als auch empfangen, was Heilungsprozesse vertieft und beschleunigt. Auch im REIKI spielt diese Dynamik eine zentrale Rolle. Wenn wir REIKI praktizieren, sei es bei uns selbst oder in einer Sitzung mit anderen, entsteht eine energetische Verbindung, die von Liebe und Mitgefühl getragen wird. Diese Verbindung schafft Raum für Heilung, sowohl für den Gebenden als auch den Empfangenden. REIKI unterstützt den Fluss der universellen Lebensenergie zwischen Menschen und hilft, Blockaden zu lösen und tiefe emotionale sowie körperliche Heilung zu fördern. Die liebevolle Energie, die in zwischenmenschlichen Beziehungen entsteht, wird durch REIKI verstärkt und unterstützt somit den Heilungsprozess auf einer noch tieferen Ebene.

Vera F. Birkenbihl,[7] bekannt für ihren pragmatischen Ansatz in der Persönlichkeitsentwicklung, betont, dass das Verständnis der Funktionsweise unseres Gehirns und die Fähigkeit, alte Denkweisen zu verändern, entscheidend sind, um schmerzhafte Muster zu durchbrechen. Unser Gehirn arbeitet

---

[6] https://psychologyofvision.com/unsere-gruender/?lang=de
[7] https://vera-birkenbihl.de

oft auf der Basis von tief verwurzelten Überzeugungen und automatisierten Reaktionen, die über lange Zeiträume hinweg entstanden sind. Diese Gedankenmuster können uns in negativen Verhaltensweisen und Emotionen gefangen halten, was die Heilung behindern kann.

Hier lässt sich ein starker Zusammenhang zu REIKI ziehen. In der REIKI-Praxis geht es nicht nur darum, körperliche Blockaden zu lösen, sondern auch darum, die Energie hinter unseren Gedanken und Überzeugungen zu verstehen. REIKI hilft, die energetischen Muster aufzulösen, die mit alten, oft destruktiven Denkstrukturen verbunden sind. Während Birkenbihl das „Umlernen" durch bewusste Neuausrichtung der Gedanken betont, bietet REIKI eine energetische Unterstützung, um diese Veränderungen auf tiefer Ebene zu erleichtern.

Wenn wir REIKI praktizieren, bringen wir unseren Geist zur Ruhe, klären unsere Gedanken und schaffen Raum für neue, gesündere Denkweisen. Die universelle Lebensenergie, die durch REIKI aktiviert wird, unterstützt diesen Prozess, indem sie die energetischen Blockaden auflöst. So können wir nicht nur bewusste, sondern auch unterbewusste Glaubenssätze und emotionale Verstrickungen lösen und loslassen, die uns bisher daran gehindert haben, unseren wirklich eigenen Weg zu gehen.

REIKI und die bewusste Neuausrichtung unserer Gedankenmuster arbeiten somit Hand in Hand. Während die Arbeit am Verstand uns hilft, klarer zu sehen und neue Denkweisen zu entwickeln, sorgt REIKI dafür, dass die energetische Grundlage dieser Veränderung gestärkt wird. Durch die Kombination dieser beiden Ansätze – das bewusste Umlernen und die energetische Unterstützung durch REIKI – wird ein ganzheitlicher Heilungsprozess möglich, der nicht nur den Verstand, sondern auch den Körper und die Seele einbezieht.

Eine weitere wertvolle Perspektive, die hier erwähnt werden sollte, ist die von Colin Tipping[8] und seinem Ansatz der „Radikalen Vergebung". Tipping beschreibt Vergebung nicht nur als einen Akt der Versöhnung, sondern als einen tiefgehenden spirituellen Prozess, der es uns ermöglicht, das Leben aus einer höheren Perspektive zu betrachten. Vergebung bedeutet für ihn, die Ereignisse unseres Lebens – auch die schmerzhaftesten – nicht als Fehler oder Ungerechtigkeiten zu sehen, sondern als Teil eines größeren Plans, der uns spirituell wachsen lässt. Für viele Menschen ist dieser Ansatz provokant, da er uns auffordert, selbst in den schwierigsten Situationen Verantwortung zu übernehmen und tiefe Heilung durch Vergebung zu finden.

Im Zusammenhang mit REIKI bietet die Praxis der Radikalen Vergebung eine kraftvolle Ergänzung. REIKI, das die universelle Lebensenergie in uns aktiviert, unterstützt uns dabei, uns emotional und spirituell zu öffnen. Wenn wir REIKI praktizieren, können wir tief verwurzelte Blockaden erkennen, die uns daran hindern, Vergebung zu üben – sei es Vergebung gegenüber anderen oder gegenüber uns selbst. Diese energetischen Blockaden, die oft aus alten Wunden oder ungelösten Konflikten stammen, können uns in negativen Gefühlsmustern gefangen halten.

Durch REIKI werden diese Blockaden auf sanfte Weise gelöst, was es uns erleichtert, die Lehren von Tipping zur „Radikalen Vergebung" in die Praxis umzusetzen. Die universelle Lebensenergie, die durch REIKI fließt, hilft uns, mit Mitgefühl und Akzeptanz auf unsere eigenen Verletzungen zu schauen

---

[8] https://tipping-methode.de

und uns von der Last des Grolls und der Schuld zu befreien. Dieser Prozess der energetischen und emotionalen Reinigung schafft den Raum für wahre Vergebung und Heilung.

Tippings Ansatz lehrt uns, dass Vergebung nicht nur ein Geschenk an den anderen ist, sondern vor allem ein Geschenk an uns selbst. Durch die Praxis von REIKI und die Prinzipien der Radikalen Vergebung können wir erkennen, dass Vergebung ein Akt der Selbstbefreiung ist. REIKI bietet uns Inspiration und praktische Hilfe, indem es uns dabei unterstützt, die energetischen und emotionalen Voraussetzungen zu schaffen, die Vergebung erst möglich machen. Indem wir Vergebung praktizieren und die heilsame Energie von REIKI nutzen, können wir uns von alten Wunden befreien und unser Leben mit mehr Frieden und innerer Freiheit gestalten.

Jeder dieser Denker beleuchtet einen anderen Aspekt des umfassenden Themas Heilung durch Liebe. REIKI als Weg der Liebe zu verstehen, bedeutet, sich den verschiedensten Dimensionen zu öffnen – emotional, mental, körperlich und spirituell. Es ist ein ganzheitlicher Ansatz, der nicht nur Symptome betrachtet, sondern danach strebt, die tiefe Harmonie zu erreichen, die entsteht, wenn wir lernen, das Leben und die Realität so zu lieben, wie sie sind.

## Rückblick: Die Grundlagen aus dem Seminar: REIKI I

Ein Schüler begann voller Mut,
mit Reiki, dem ersten Grade gut.
Das Fundament gelegt,
sein Herz neu bewegt,
für Heilung und Frieden im Blut.

Du hast den ersten Schritt in die faszinierende Welt des REIKI gemacht. Mit der Einweihung in den ersten Grad hast Dudie grundlegenden Prinzipien und Techniken dieser Heilkunst kennengelernt. REIKI I bildet das Fundament Deines Verständnisses und Deiner Praxis – ein einfacher, aber tiefgreifender Einstieg, der allen offensteht, unabhängig von Vorwissen oder Fähigkeiten.

Ein zentrales Element von REIKI I sind die Selbstbehandlungspositionen, die Dutäglich nutzen kannst, um Deine eigenen Energiezentren zu harmonisieren. Diese Positionen sind der Schlüssel, um Deine Lebensenergie zu stärken und Dein persönliches Wohlbefinden zu fördern.

Auch die fünf Lebensregeln hast Du kennengelernt – Richtschnüre, die Dir helfen, ein ausgeglichenes und erfülltes Leben zu führen. Sie laden uns dazu ein, im Hier und Jetzt zu verweilen, Dankbarkeit zu üben, uns von Sorgen zu lösen, respektvoll mit uns selbst und anderen zu sein und aufrichtig zu handeln. Es ist jedoch wichtig, sich bewusst zu machen, dass diese Regeln aus einer anderen Zeit stammen. Ihre Wurzeln liegen vermutlich im alten China und gehen auf das Werk des Gelben Kaisers Huangdi zurück. Die Formulierungen spiegeln diese Zeit wider und sind entsprechend traditionell gehalten.

Nach Deiner Einweihung hast Du die 21 Tage der Reinigung und Transformation durchlaufen – eine Phase, in der Du eine tiefere Verbindung zur REIKI-Energie aufgebaut und Deine Praxis intensiviert hast. Diese Zeit war eine Gelegenheit, Deine Beziehung zur universellen Lebensenergie zu stärken und die Grundlagen Deiner Praxis zu festigen. Hoffentlich konntest Du Dich bei Fragen an Deinen Meister wenden und wertvolle Antworten und Einsichten erhalten, die Dir auf Deinem Weg weitergeholfen haben.

Die Grundlagen, die Du in REIKI I erworben hast, sind der Ausgangspunkt für eine tiefere Entfaltung von Heilung und spirituellem Wachstum. Sie legen das Fundament für Deine zukünftige Praxis und Entwicklung – in REIKI II und darüber hinaus. Mit jeder Erfahrung und jeder Anwendung der REIKI-Techniken wirst Du Dein Verständnis weiter vertiefen und eine stärkere Verbindung zur universellen Lebensenergie aufbauen.

# Fragen zu REIKI – Was kannst Du ohne zögern beantworten?

1. Was bedeutet der Begriff "REIKI"?

2. Wer war Mikao Usui und welche Rolle spielte er in der Geschichte von REIKI?

3. Wer war Hawayo Takata und welche Rolle spielte sie in der Geschichte von REIKI?

4. Was sind die Dir bekannten Hauptziele und Vorteile der REIKI-Praxis?

5. Wie funktioniert die Dir bekannte Energieübertragung in der REIKI-Praxis?

6. Nenne und Beschreibe die fünf Lebensregeln des REIKI. Wa rum sind sie wichtig?

7. Wie kann REIKI bei körperlicher Heilung helfen?

8. Welche Rolle spielt die Intention in der REIKI-Praxis?

9. Was versteht man unter der Selbstbehandlung in REIKI und wie wird sie durchgeführt?

10. Erkläre, wie REIKI zur Reduzierung von Stress und Angst beitragen kann.

11. Wie unterscheidet sich REIKI von anderen Heilmethoden?

12. Was ist die Bedeutung der Hände in der REIKI-Praxis?

13. Wie kann REIKI spirituelles Wachstum fördern?

14. Was sind die wesentlichen Voraussetzungen für die Ausübung von REIKI?

15. Beschreibe den Prozess und die Bedeutung der 21 Tage der 'Reinigung' nach der REIKI-Einweihung.

16. Wie kann REIKI in den Alltag integriert werden?

17. Was sind die ethischen Richtlinien für einen REIKI-Praktizierenden?

18. Erkläre, wie REIKI die Lebensqualität verbessern kann.

19. Was sind die häufigsten Missverständnisse über REIKI?

20. Wie kann REIKI die geistige Klarheit und Konzentration verbessern?

21. Welche Wirkung hat REIKI auf das emotionale und mentale Wohlbefinden?

Die Auflösung der Fragen ist am Ende dieses Buches in kurzer Form zu lesen – Teilweise auch Bestandteil dieses Kurses. Denn viel wird nachfolgend vertieft und hoffentlich weiter geklärt.

# Einführung in die Geschichte des REIKI

*Ein Meister in fernen Gefilden,*
*fand Reiki, um Heilung zu bilden.*
*Von Usui entdeckt,*
*wurd' es tief uns gesteckt,*
*als Geschenk, das die Herzen entriegelt.*

Der folgende Text bietet einen stark verkürzten Überblick über die Geschichte des REIKI. Sie sollen Dir eine grundlegende Orientierung geben und den Respekt vermitteln, den wir den Ursprüngen dieser heilenden Praxis schulden. Wenn Du tiefer in das Thema eintauchen möchtest, findest Du im Literaturverzeichnis weiterführende Quellen, die ein detaillierteres Verständnis ermöglichen.

## Mikao Usui Sensei – Der Gründer

Im Herzen der REIKI-Praxis steht eine bemerkenswerte Persönlichkeit: Mikao Usui Sensei. Sein Leben und seine Lehren bilden nicht nur die Grundlage dieser heilenden Kunst, sondern inspirierten Generationen von Praktizierenden. Für Dich als REIKI-Anwender, der den ersten Grad inne hat, ist es von unschätzbarem Wert, die Wurzeln dieser Praxis zu verstehen und die Geschichte ihres Gründers zu kennen.

Mikao Usui, geboren am 15. August 1865 in Japan, war eine faszinierende Persönlichkeit, die sich durch ihre unermüdliche Suche nach Wissen und spiritueller Erleuchtung auszeichnete. Sein Lebensweg war geprägt von einer tiefen Neugierde und einer Leidenschaft für das Verständnis der universellen Energien. Bevor Usui das System des REIKI entwickelte, hatte er eine vielseitige Karriere, die ihn unter anderem in die Nähe von Baron Shimpei Goto führte, einem einflussreichen Politiker und Arzt seiner Zeit.

Usuis Leben war geprägt von Reisen und privaten Studien, die ihn auf verschiedene spirituelle und philosophische Pfade führten. Eine entscheidende Phase in seinem Leben war die Zeit auf dem Kurama-Berg, einem Ort, der heute von vielen REIKI-Praktizierenden als heilig angesehen wird. – Wobei die Japaner allgemein den Berg als „heilig" bezeichnen würden. Wie alles im Shintoismus an Besonderheiten der Natur heilig ist. Hier, während einer intensiven Meditationspraxis, erlebte Usui eine tiefe spirituelle Erfahrung, die oft als 'Erleuchtung' beschrieben wird. In diesem Moment wurde ihm das Wissen und die Vision von REIKI zuteil – eine Erkenntnis, die sein Leben grundlegend veränderte und die Geburtsstunde des REIKI als spirituelle Heilpraxis markierte.

Nach dieser Erleuchtung begann Usui, REIKI in Japan zu praktizieren, zu lehren und zu verbreiten. Sein Ansatz war revolutionär, da er Heilung nicht nur als körperlichen, sondern auch als geistigen und seelischen Prozess betrachtete. Ein besonderes Ereignis, das die Wirksamkeit von REIKI eindrucksvoll demonstrierte, war das große Erdbeben von 1923 in Tokio. Usui und seine Schüler boten vielen Erdbebenopfern REIKI-Behandlungen an, was das Bewusstsein und die Anerkennung von REIKI in Japan deutlich erhöhte. In dieser Zeit entstanden auch die bekannten 5 Lebensregeln, die bis heute ein zentraler Bestandteil der REIKI-Praxis sind.

Die 1920er Jahre waren jedoch auch von großen Herausforderungen geprägt. Die japanische Regierung verbot das Handauflegen als medizinische Behandlung, was auch REIKI betraf. Trotz dieser Einschränkungen setzte Usui seine Lehrtätigkeit fort und bildete viele Schüler aus, die seine Lehren weitertrugen und sicherstellten, dass REIKI nicht verloren ging.

Für uns REIKI-Praktizierende ist Mikao Usui mehr als nur ein historischer Gründer. Er ist ein Symbol für Hingabe, spirituelle Suche und die heilende Kraft der universellen Energie. Sein Erbe lebt in jeder REIKI-Sitzung weiter, die wir durchführen, und in jedem Moment der Stille, in dem wir uns mit dieser Energie verbinden. Seine Geschichte erinnert uns daran, dass REIKI eine tiefgreifende Verbindung von Geist, Körper und Seele ist und dass jeder von uns Teil eines größeren Ganzen ist.

## Chujiro Hayashi und Hawayo Takata – Die Verbreitung im Westen

Nach dem Tod von Mikao Usui spielte Chujiro Hayashi eine zentrale Rolle in der Weiterführung und Verbreitung von REIKI. Hayashi, ein ehemaliger Marineoffizier und Arzt, entschied sich nach seiner Begegnung mit Usui, sein Leben der REIKI-Praxis zu widmen. Er wurde zu einem der wichtigsten Schüler Usuis und trug maßgeblich zur Entwicklung und Verbreitung von REIKI bei. Hayashi gründete eine REIKI-Klinik in Tokio, die zu einem Zentrum für Heilung und Ausbildung wurde und Menschen aus ganz Japan anzog.

Eine bemerkenswerte Wendung in der Geschichte des REIKI ergab sich, als Hawayo Takata, eine Amerikanerin japanischer Abstammung, in Hayashis Leben trat. Takata, die auf Hawaii lebte und gesundheitliche Probleme hatte, suchte in Hayashis Klinik Hilfe. Ihre Erfahrungen mit REIKI waren so tiefgreifend, dass sie sich entschloss, bei Hayashi zu lernen und die Praxis nach ihrer Rückkehr in die USA zu verbreiten.

Takatas Engagement für REIKI führte zur Verbreitung dieser Heilkunst im Westen. Sie passte die Lehren an die Bedürfnisse eines westlichen Publikums an und lehrte REIKI in den Vereinigten Staaten. Ihre Arbeit trug entscheidend dazu bei, dass REIKI heute weltweit bekannt ist. Takata betonte die Einfachheit und Zugänglichkeit von REIKI, wodurch sie eine breite Anhängerschaft gewinnen konnte.

Die Geschichte von Chujiro Hayashi und Hawayo Takata ist nicht nur eine Anekdote aus der Vergangenheit, sondern ein lehrreiches Beispiel für Hingabe und die Überwindung von Grenzen. Sie zeigt, wie REIKI Menschen unabhängig von ihrer Herkunft oder ihren Lebensumständen berühren und transformieren kann. Ihr Erbe lebt in jeder REIKI-Sitzung weiter, die Du durchführst, und in jedem Moment, in dem Du die universelle Energie durch Deine Hände fließen lässt.

## Phyllis Lei Furumoto – Weiterentwicklung und Erbe

Phyllis Lei Furumoto, die Enkelin von Hawayo Takata, spielte eine entscheidende Rolle in der Weiterentwicklung und Bewahrung des REIKI-Erbes. Nach dem Tod ihrer Großmutter im Jahr 1980 trat Phyllis in ihre Fußstapfen und wurde als die erste Großmeisterin des REIKI anerkannt. Ihre Arbeit markierte den Beginn einer neuen Ära für REIKI, in der die spirituellen Aspekte dieser Praxis wieder stärker betont wurden.

Phyllis wuchs unter der Obhut ihrer Großmutter auf und lernte die Prinzipien und Techniken des REIKI von ihr. Diese enge Verbindung ermöglichte es Phyllis, ein tiefes Verständnis und eine starke Hingabe für REIKI zu entwickeln. Nach dem Tod der Großmutter stand Phyllis vor der Herausforderung, das Erbe ihrer Großmutter weiterzuführen und REIKI in einer sich verändernden Welt zu etablieren. Sie reiste um die Welt, lehrte und teilte ihr Wissen über REIKI, und half dabei, diese Heilpraxis einer neuen Generation zugänglich zu machen.

Ein besonderer Beitrag von Phyllis Lei Furumoto war ihre Betonung der spirituellen Dimension des REIKI. Während REIKI im Westen oft als Methode zur physischen Heilung betrachtet wurde, betonte sie die Bedeutung der spirituellen und emotionalen Heilung. Sie lehrte, dass REIKI nicht nur eine Technik zur Linderung körperlicher Beschwerden ist, sondern auch ein Weg zur spirituellen Erleuchtung und persönlichen Entwicklung.

Phyllis Lei Furumoto war eine Brücke zwischen den traditionellen Lehren und der modernen Welt. Sie bewahrte die Authentizität und Reinheit von REIKI, während sie gleichzeitig offen für Innovationen und Anpassungen an die Bedürfnisse moderner Praktizierender war. Ihr Leben und Wirken erinnern uns daran, dass jeder von uns auf seinem individuellen Weg sowohl Schüler als auch Lehrer ist. Wir sind aufgerufen, das Erbe zu ehren, das uns übergeben wurde, und es mit Integrität und Hingabe weiterzuführen.

## Zusammenfassung und Bedeutung

Die Geschichten von Mikao Usui, Chujiro Hayashi, Hawayo Takata und Phyllis Lei Furumoto sind mehr als historische Berichte. Sie sind lebendige Zeugnisse für die Kraft von REIKI und die Bedeutung von Hingabe, Transformation und Weitergabe. Sie zeigen uns, dass REIKI nicht nur eine Technik ist, sondern ein lebendiger, sich ständig entwickelnder Weg, der durch die Hände und Herzen derjenigen weitergetragen wird, die ihn praktizieren.

Für Dich als REIKI-Anwender ist es wichtig, diese Geschichte zu kennen und zu verstehen. Sie erinnert uns daran, dass wir Teil eines größeren Ganzen sind und dass wir die Verantwortung haben, dieses Erbe mit Respekt und Hingabe weiterzuführen. REIKI ist eine lebendige Praxis, die in jedem von uns weiterlebt und uns dazu einlädt, unser eigenes Licht in die Welt zu tragen.

## Die Essenz von REIKI 2

*Mit Reiki, dem zweiten Grad fein,*
*dringst Du tiefer ins Herzlicht hinein.*
*Nicht nur heilst Du mehr,*
*ganz bewusst und klar,*
*wächst Dein Geist in die Stille hinein.*

## Vertiefung des Verständnisses

Mit dem Abschluss des ersten REIKI-Grads hast Du bereits einen bedeutenden Schritt in die Welt der Heilung und des inneren Friedens unternommen. Nun, da Du den Weg des REIKI weitergehst, wirst Du feststellen, dass der zweite Grad nicht nur eine Fortsetzung, sondern eine umfassendere Erforschung und Vertiefung Deines Verständnisses und Deiner Fähigkeiten in dieser Praxis darstellt.

REIKI 2 eröffnet neue Möglichkeiten der Heilung, die nicht nur auf andere, sondern auch auf Dich selbst wirken. Dabei geht es um weit mehr als die bloße physische Heilung; der Fokus liegt auf der Integration von Gesundheit, Meditation und Achtsamkeit in Deinen Alltag. Durch die Anwendung von REIKI 2 wird Deine Verbindung zur universellen Lebensenergie vergrößert und gestärkt. Diese Vertiefung ermöglicht es Dir, Deine

Selbstheilungskräfte effektiver zu aktivieren und Dein Bewusstsein deutlich zu erweitern.

Eine der zentralen Techniken in REIKI 2 ist die Gassho-Meditation. Diese einfache, aber wirkungsvolle Übung hilft, den Geist zu beruhigen und die Aufmerksamkeit zu bündeln. Bei der Gassho-Meditation sitzt Du in Ruhe, die Hände im Gebet vor Deinem Herzen, und richtest Deine Konzentration auf den Punkt zwischen Deinen Handflächen. Diese Meditationsform fördert innere Gelassenheit und Klarheit und ist ein wichtiger Bestandteil der REIKI-Praxis.

Ein weiterer bedeutender Aspekt von REIKI 2 ist die Anwendung von Reiji-Ho, einer Technik, die es Dir ermöglicht, Deine Intuition zur Führung der Energieübertragung zu nutzen. Reiji-Ho lehrt Dich, auf Dein inneres Wissen zu vertrauen und die heilende Energie dorthin fließen zu lassen, wo sie am dringendsten benötigt wird. Diese Methode stärkt Deine Fähigkeit, in der REIKI-Praxis intuitiv zu arbeiten und die Energie präzise zu lenken.

Zusätzlich wirst Du in REIKI 2 die Kenyoku-Technik erlernen, auch bekannt als „trockenes Baden". Diese Reinigungstechnik hilft dabei, negative Energien loszulassen und das eigene energetische Feld zu klären. Es handelt sich um eine einfache, aber effektive Methode, um sich von energetischen Belastungen des Alltags zu befreien und die eigene Energie zu erneuern.

Die 5 Lebensregeln, die Du bereits im ersten Grad kennengelernt hast, werden in REIKI 2 weiter vertieft. Diese Prinzipien – wie „Gerade heute ärgere Dich nicht" und „Gerade heute sorge Dich nicht" – sind nicht bloß Worte, sondern Leitlinien, die Dir helfen, ein ausgeglichenes und friedliches Leben zu führen. Sie ermutigen Dich, im Hier und Jetzt zu leben und jeden Moment mit Achtsamkeit und Dankbarkeit zu erfahren.

Die Praxis der heilenden Hände wird in REIKI 2 ebenfalls intensiviert. Du wirst lernen, die Energie noch gezielter zu lenken und die verstärkte Kraft zu nutzen, die durch den Einsatz von REIKI - Symbolen und - Mantras freigesetzt wird. Diese Symbole und Mantras sind kraftvolle Werkzeuge, die Deine Fähigkeit zur Energievermittlung verstärken und Deine Heilpraxis auf ein deutlich höheres Niveau heben.

REIKI 2 bietet Dir die Möglichkeit, Dein Verständnis und Deine Fähigkeiten in dieser Heilkunst weiter auszubauen. Dabei geht es nicht nur um die Anwendung von Techniken, sondern auch um persönliches Wachstum, spirituelle Entwicklung und das Streben nach einem tieferen inneren Frieden und Gleichgewicht. Mit jeder Übung und jedem Schritt auf diesem Weg wirst Du erkennen, dass REIKI mehr als nur eine Methode ist; es ist ein Weg des Lebens, ein Weg der Heilung und des inneren Friedens.

## Der Schritt in eine neue Dimension

*Ein Schritt ins Unbekannte, weit und klar,*
*entfaltet sich die Seele wunderbar.*
*In neuer Dimension erblüht die Zeit,*
*REIKIs Kraft führt uns zur Ewigkeit.*

REIKI II baut auf dem auf, was Du bereits gelernt und praktiziert hast, und geht weit über die grundlegende Heilung und Gesundheitsförderung hinaus. Es bringt Dich in Kontakt mit kraftvollen Symbolen und Techniken, die Deine Praxis auf eine neue Ebene heben. In REIKI II wirst Du lernen, wie Du die universelle Lebensenergie durch die Anwendung von Symbolen und Mantras fokussierst und verstärkst.

Die Symbole, die Du in REIKI II kennenlernst – wie **Cho Ku Rei** (das Kraftsymbol), **Sei He Ki** (das mentale/emotionale Symbol) und **Hon Sha Ze Sho Nen** (das Fernheilungssymbol) – sind Schlüssel zu neuen Ebenen der Energiearbeit. Jedes dieser Symbole trägt eine einzigartige Schwingung und Funktion in sich und ermöglicht es Dir, spezifische Aspekte der Heilenergie gezielt zu nutzen. Sie sind kraftvolle Werkzeuge, die Dir helfen, Deine Heilfähigkeiten gezielt einzusetzen und weiterzuentwickeln.

Neben den Symbolen wirst Du auch fortgeschrittene Techniken erlernen, die Deine Praxis bereichern. **Joshin Kokyuu-Ho**, eine Atemmeditation, unterstützt Dich dabei, Deine Verbindung zur universellen Energie zu vertiefen und Dein Bewusstsein zu erweitern. **Reiki Mawashi**, ein Energiekreis, ermöglicht es Dir, in einer Gruppe zu praktizieren und die kollektive Energie zu verstärken.

Ein wichtiger Bestandteil von REIKI II ist die Technik der Fernheilung, bekannt als **Enkaku Chiryo**. Diese Technik erlaubt es Dir, Heilenergie über räumliche Distanzen zu senden, was Deine Fähigkeit, anderen zu helfen, erheblich erweitert. Zusätzlich ermöglicht Dir **Sei He Ki Chiryo**, auf emotionaler und mentaler Ebene zu arbeiten und so tiefere Heilungsprozesse anzustoßen.

Ergänzend dazu lernst Du Techniken wie **Koki-Ho** und **Gyoshi-Ho** kennen, bei denen Du Heilenergie durch Deinen Atem bzw. Deinen Blick überträgst. Diese Methoden bieten Dir neue

Möglichkeiten, mit der REIKI-Energie zu arbeiten und sie gezielt einzusetzen.

Eine weitere Technik, die Du in REIKI II erlernst, ist **Reiki Undo**, eine Kombination aus körperlicher Bewegung und Energiearbeit. Diese Praxis unterstützt Dich dabei, Deinen Körper zu harmonisieren, Deine Energie zu steigern und einen tieferen Zustand der Achtsamkeit zu erreichen.

Der Schritt zu REIKI II bedeutet nicht nur eine Erweiterung Deiner Fähigkeiten, sondern auch eine tiefere Auseinandersetzung mit der spirituellen Dimension von REIKI. Es ist eine Reise, die Deine Meditation und Achtsamkeit vertieft, Dein Verständnis von Heilung erweitert und Dich auf Deinem Weg des spirituellen Wachstums und der persönlichen Entfaltung weiterbringt.

Mit jeder neuen Technik, die Du in REIKI II erlernst, stärkst Du Deine Verbindung zur universellen Lebensenergie und baust Deine Fähigkeiten aus. Du entdeckst, wie Du nicht nur anderen, sondern auch Dir selbst auf eine tiefere und wirkungsvollere Weise helfen kannst. REIKI II ist eine wertvolle Gelegenheit, Dein Wissen, Deine Praxis und Deine spirituelle Verbindung zu vertiefen. Es markiert den Beginn eines neuen Kapitels auf Deinem REIKI-Weg, voller neuer Erkenntnisse, Erfahrungen und persönlicher Weiterentwicklung.

# Die REIKI-Symbole:

## 1. Cho Ku Rei – Das Kraftsymbol

Zu Anfang ein Gedicht: Der Schreiber ist mir bislang unbekannt.
Es ist wunderbar, da es in so kurzer Art das Symbol erfasst:

*Im Anfang war das Wort,*
*im Zeichen liegt die Macht,*
*Cho Ku Rei, ein Symbol, i*
*n göttlicher Pracht.*
*Gezeichnet in der Luft,*
*in den Tiefen des Geistes entfacht,*
*Erweckt es die Kräfte,*
*die in uns ruhen,*
*bei Tag und bei Nacht.*

*Mit jedem Schwung des Stiftes kreisen,*
*mit jedem Hauch der Hand,*
*Öffnet sich ein Portal,*
*zu einem magischen Land.*
*Cho Ku Rei, das Symbol der Kraft,*
*des Lebens Quell,*
*Erweckt die Energie,*
*fließt in uns,*
*wie ein strahlender Born.*

*In der Reinheit des Augenblicks,*
*im Hier und Jetzt,*
*Wird jedes Dunkel erlöst,*

*jede Last, die verletzt.*
*Mit seinem Symbol gebannt,*
*in den Äther gewebt,*
*Reinigt es Körper und Seele,*
*das was tief in uns lebt.*

*Wie ein Blitz der Erkenntnis, so hell und klar,*
*Durchdringt es die Schleier,*
*bringt Heilung, wunderbar.*
*Es stärkt unser Innerstes, erhebt unser Sein, Cho Ku*
*Rei, das Symbol,*
*das die Fesseln zerreißt,*
*macht uns frei,*
*macht uns rein.*

*Wo Zweifel und Angst unser Herz einst regiert,*
*Wird durch Cho Ku Rei neues Leben gespürt. Ein Fluss*
*der Energie, der durch die Adern fließt,*
*Der uns erhebt, uns erneuert, uns wieder genieß't.*

*Es ist das Licht im Dunkel, ein Stern in der Nacht,*
*Ein Zeichen der Hoffnung, das uns unendlich bewacht.*
*Mit jedem Atemzug, mit jedem Gedanken,*
*Erweckt Cho Ku Rei die Kräfte,*
*die uns nie mehr wanken.*

*Die Reinigung beginnt,*
*mit dem Zeichen so rein,*
*Lässt alles Belastende im Strahlen vergehen, klein.*
*Wie ein Sturm der Erneuerung, durchdringt es die Zeit,*
*Bringt uns ins Hier und Jetzt, macht die Seele bereit.*

*Cho Ku Rei, das Symbol der Kraft, der Heilung, der*
*Macht,*
*Verleiht uns Flügel aus Licht,*
*hebt uns empor in die Nacht.*

*Mögen wir es ehren,*
*möge es uns führen,*
*Durch die Pfade des Lebens,*
*zu den höchsten Höhen entführen.*

Du hast den ersten Grad von REIKI gemeistert und Dich nun auf den zweiten Grad eingelassen, so begibst Du Dich auf eine faszinierendeWeiterreise, die Dich tief in die Geheimnisse und Kräfte der universellen Energie führt. Eine der bemerkenswertesten Entdeckungen auf diesem Weg ist das Symbol Cho Ku Rei, bekannt als das Kraftsymbol in REIKI. Dieses Symbol repräsentiert einen tiefgreifenden Schritt in eine neue Dimension der Energiearbeit und der spirituellen Entwicklung.

Cho Ku Rei, oft als "ein altes, weltweit auftauchendes Symbol" bezeichnet, trägt eine reiche Geschichte und eine starke symbolische Bedeutung. Es ist in vielen Kulturen präsent und wird oft mit der Spirale der Unendlichkeit oder dem Labyrinth verglichen. Diese Formen symbolisieren die ewige Bewegung, den Fluss des Lebens und der Energie, die kontinuierliche Erneuerung und die Reise zur Mitte, zum Kern des Seins.

In der REIKI-Praxis steht Cho Ku Rei für Liebe, Kraft, Präsenz und Schutz. Es wird oft als ein Werkzeug zur Fokussierung und Intensivierung der Energie verwendet. Wenn Du dieses Symbol in Deine Praxis integrierst, wirst Du eine verstärkte Verbindung zur kosmischen Energie spüren, die durch Deine Hände fließt und die Heilung für Dich selbst und andere intensiviert.

Cho Ku Rei dient auch als Schutzsymbol. Es wird verwendet, um einen sicheren Raum zu schaffen, in dem Heilung stattfinden kann. Es wirkt wie ein Schild, das negative Energien abwehrt und reinigende, positive Energien anzieht. Die

Anwendung von Cho Ku Rei in Deiner täglichen Praxis kann Dir helfen, Dich gegen äußere Störungen abzuschirmen und Dein energetisches Feld zu stärken.

Darüber hinaus dient Cho Ku Rei als Fokus zur Energie. Es hilft, die universelle Lebensenergie zu sammeln und gezielt für Heilzwecke einzusetzen. Diese Fokussierung ist besonders nützlich, wenn Du Dich auf bestimmte körperliche oder emotionale Probleme konzentrierst oder wenn Du die Intensität Deiner Heilungsarbeit erhöhen möchtest.

Cho Ku Rei ist auch bekannt als "der Anfang jeder Kombination". In der REIKI-Praxis wird es oft zu Beginn und am Ende einer Sitzung verwendet, um den Energiefluss zu öffnen und zu schließen. Es ist wie ein Schlüssel, der die Tür zur tieferen Energiearbeit öffnet und Dir hilft, die Heilungsenergie effektiver zu lenken.

Als REIKI-Anwender im zweiten Grad bist Du eingeladen, die Tiefe und Kraft dieses Symbols zu erforschen und zu erleben. Die Arbeit mit Cho Ku Rei wird Deine Praxis bereichern und Dir eine neue Perspektive auf die Möglichkeiten der Energiearbeit geben. Es wird Dir helfen, Dein Verständnis von Heilung zu vertiefen, Deine Fähigkeiten zu erweitern und Dir den Weg zu noch größeren spirituellen Erkenntnissen öffnen.

Cho Ku Rei ist mehr als nur ein Symbol; es ist ein Schlüssel zu tieferer Weisheit, höherer Energie und intensiverer Heilung. Es lädt Dich ein, die unbegrenzten Möglichkeiten der REIKI-Energie zu erforschen und Deine Praxis auf eine Ebene zu heben, die Du Dir vielleicht nie vorgestellt hast. Mit Cho Ku Rei „an Deiner Seite" wirst Du die wahre Kraft und Präsenz der universellen Energie in Deiner REIKI-Praxis und in Deinem Leben entdecken.

# Verwendung des Cho ku rei

Cho Ku Rei - dieses starke Symbol, das oft als das "Kraftsymbol" in der Welt des REIKI bekannt ist, öffnet die Türen zu tiefer Klarheit, Präsenz und bewusster Transformation. Es ist ein Symbol der Wandlung und Veränderung, welches Dir hilft, Deine Heilfähigkeiten auf ein höheres Niveau zu heben und Deine spirituelle Reise zu intensivieren.

Cho Ku Rei ist ein Schlüssel zu tieferer Bewusstheit und Energie. Dieses Symbol ermöglicht es Dir, Dein energetisches Feld zu stärken und Deine innere Weisheit zu aktivieren. Es ist ein „Werkzeug", das Dir hilft, Deine Intuition, Dein Bauchgefühl und Deine Eingebungen zu schärfen. Mit Cho Ku Rei kannst Du Deinen sechsten Sinn erwecken und ein tieferes Verständnis für die energetischen Muster des Lebens entwickeln.

Die Anwendung des Cho Ku Rei in Deiner REIKI-Praxis bringt zahlreiche Vorteile. Es dient als ein energetisches Schutzschild, welches Dich vor negativen Einflüssen bewahrt und einen sicheren Raum für Heilung und Erneuerung, bzw. zur Transformation schafft. Du kannst dieses Symbol nutzen, um eine Schutzkuppel um Dich oder Deine Klienten zu errichten, die einen sicheren und geborgenen Schutzbereich schafft. Diese Abschirmung ermöglicht es Dir, in einer Atmosphäre der Sicherheit und des Wohlwollens zu arbeiten.

Darüber hinaus unterstützt Cho Ku Rei alte Muster und Blockaden zu durchdringen und einen Prozess der Metamorphose einzuleiten. Durch die Verwendung dieses Symbols kannst Du Veränderungen in Deinem Leben und in Deinem energetischen Feld herbeiführen, die zu tiefgreifender Heilung und Erneuerung führen.

Cho Ku Rei ist auch ein Symbol der Vitalität und Energie. Es kann verwendet werden, um Deine Lebenskraft zu steigern und Deine Lebendigkeit zu erhöhen. In Momenten der Müdigkeit oder Erschöpfung kann Cho Ku Rei Dir helfen, Deine Energie zu erneuern und Deine physische und geistige Gesundheit zu stärken.

Die Praxis mit Cho Ku Rei ist auch eine Praxis der Fürsorge und des Wohlwollens. Es erinnert Dich daran, Dich selbst und andere mit Liebe und Mitgefühl zu behandeln. Diese Haltung der Fürsorge ist ein wesentlicher Bestandteil Deiner REIKI-Praxis, der Dir hilft, eine tiefe Verbindung zu Dir selbst und zu anderen aufzubauen.

In Deinem Weg mit REIKI öffnet Dir das Cho Ku Rei-Symbol die Tür zu einer Welt der Klarheit, Präsenz und bewussten Transformation. Es ist ein Werkzeug der Veränderung und Erneuerung, das Dir hilft, Deine innere Weisheit zu aktivieren und Deine Heilfähigkeiten zu intensivieren. Mit jedem Einsatz dieses Symbols wirst Du tiefere Ebenen der Heilung und des Bewusstseins entdecken und ein neues Verständnis für die Kraft und Möglichkeiten von REIKI entwickeln.

## Obacht! Achtsamkeit im Umgang mit REIKI-Symbolen: Dosierung und ihre Auswirkungen.

*Symbole, kraftvoll, fein dosiert,*
*schenken Heilung, gut geführt.*
*Doch Obacht stets im Handeln liegt,*
*dass ihre Macht im Gleichklang wiegt.*

Als erfahrener REIKI-Praktizierender weißt Du, dass REIKI nicht nur eine Praxis der Heilung und des spirituellen

Wachstums ist, sondern auch eine Kunst, die Achtsamkeit und Verantwortung erfordert. Besonders beim Umgang mit den kraftvollen Symbolen des REIKI 2, wie dem Cho Ku Rei, ist es wichtig, ein tiefes Verständnis für ihre Wirkung und die Notwendigkeit der richtigen Dosierung zu haben.

Cho Ku Rei, das oft als das "Kraftsymbol" bezeichnet wird, ist bekannt für seine Fähigkeit, Energie zu intensivieren und zu zentrieren. Es ist ein mächtiges Werkzeug in Deiner REIKI-Praxis, welches die Fähigkeit hat, Räume, Objekte und sogar Gedanken energetisch aufzuladen. Diese Eigenschaft macht das Symbol besonders wirksam, birgt aber auch die Gefahr, dass es, wenn es übermäßig oder unachtsam verwendet wird, zu einer energetischen Überladung führen kann.

Eine solche energetische Überladung kann sich auf verschiedene Weise manifestieren. Du könntest feststellen, dass ein Raum, in dem Cho Ku Rei intensiv eingesetzt wurde, sich "schwer" oder "überladen" anfühlt. Dies kann sich in einem Gefühl der Unruhe, übermäßiger Energie oder sogar in körperlichen Symptomen wie Kopfschmerzen oder Unwohlsein äußern. Es ist wichtig zu erkennen, dass REIKI-Energie, obwohl sie grundsätzlich heilend und positiv ist, dennoch mit Bedacht und im Einklang mit den Bedürfnissen des jeweiligen Raumes oder der Person eingesetzt werden sollte.

In solchen Fällen, in denen Du eine Überladung an energetischer Aktivität spürst, ist es ratsam, den betreffenden Raum zu durchlüften. Das Öffnen von Fenstern und Türen ermöglicht es, die Energie zu erneuern und einen natürlichen Energiefluss wiederherzustellen. Frische Luft bringt nicht nur physische Erneuerung, sondern hilft auch, das energetische Gleichgewicht wiederherzustellen.

Neben der physischen Durchlüftung ist es auch hilfreich, eine Art energetische "Reinigung" durchzuführen. Dies kann durch Visualisierungen von klärender, fließender Energie geschehen oder durch die Verwendung anderer REIKI-Praktiken, die darauf abzielen, Harmonie und Ausgleich wiederherzustellen.

Der Schlüssel liegt in der Achtsamkeit und im Bewusstsein für die Kraft, die Du in Deinen Händen hältst. Jedes REIKI-Symbol, besonders das Cho Ku Rei, ist ein mächtiges Instrument, das mit Respekt und Verständnis verwendet werden will. Wie bei jeder Form der Energiearbeit ist es wichtig, auf die Reaktionen zu achten, die Deine Praxis hervorruft, und entsprechend zu handeln, um ein harmonisches und gesundes energetisches Umfeld zu erhalten.

Als REIKI-Praktizierender bist Du ein Hüter dieser alten Kunst. Die Verwendung der REIKI-Symbole erfordert nicht nur technisches Wissen, sondern auch eine tiefe Verbindung zu Deiner eigenen Intuition und Weisheit. Indem Du achtsam mit den Energien umgehst, die Du durch Deine Praxis freisetzt, wirst Du in der Lage sein, die heilende Kraft des REIKI auf die effektivste und harmonischste Weise zu nutzen.

## Sei He Ki – Das mentale und emotionale Symbol

Zum Anfang ein Gedicht, welches ich fand. Es ist zum Thema des ‚Sei He Ki' geschrieben:

*In der Stille der Nacht,*
*wo Mondlicht sanft die Erde küsst,*
*Erhebt sich ein Symbol,*
*das in uralten Zeiten gewoben ist.*
*Sei he Ki, ein Zeichen der seelischen Heilung,*
*ein ewiger Lichtstrahl,*
*Durchdringt die Schatten des Geistes, bringt*
*Frieden, heilt jede Qual.*

*Mit sanften Linien gezeichnet,*
*durch die Weiten des Bewusstseins entfaltet,*
*Ein Pfad, der zu den tiefsten Kammern des*
*Herzens gewaltet.*
*Wo Wunden der Seele verborgen, verborgen im*
*Dunkel der Zeit, Bringt Sei he Ki Erleuchtung,*
*vertreibt den Nebel der Leid.*

*Wie ein Flüstern der Engel, so zart und doch so*
*klar,*

*Stärkt es das Herz, macht es stark, lässt es*
*schlagen wunderbar.*

*In Momenten der Stille, wenn der Atem des*
*Lebens ruht,*

*Erblüht das Symbol in seiner Macht, gibt Kraft,*
*gibt Mut.*

*Es ist das Licht im Dunkel, das durch den Nebel bricht,*

*Ein Stern der Hoffnung, der am Horizont der Seele licht.*

*In der Weite des Geistes, in den Tiefen des Seins,*

*Verbindet Sei he Ki die Wunden, macht das Herz wieder eins.*

*Durch Hände, die heilen, durch Herzen, die lieben,*

*Wird das Symbol zum Lebensquell, lässt alte Narben vertrieben.*

*Es fließt durch die Adern, durch die Seele, durch den Geist,*

*Ein ewiger Strom der Heilung, der nie verweist.*

*Sei he Ki, Symbol des Friedens, der seelischen Ruh,*

*Trägt uns durch Stürme, schenkt uns neues Sein dazu.*

*Mit jedem Atemzug, mit jedem Herzschlag,*

*Bringt es uns näher zum Licht, zum göttlichen Tag.*

*So sei es gezeichnet, in Gold und Licht, Ein ewiges Zeichen, das niemals zerbricht.*

*Mögen wir es ehren, mögen wir es verstehen,*

*Sei he Ki, das Symbol, das uns den Weg zeigt,*
*zum Frieden, zum Sehnen.*

Ein weiteres Schlüsselsymbol ist Sei He Ki, das mentale und emotionale Symbol, das eine zentrale Rolle in der Arbeit mit REIKI spielt.

Auch das Sei He Ki ist weit mehr als ein einfaches Zeichen; es ist ein Tor zur Ausbalancierung und Harmonisierung der energetischen und geistigen Bereiche des Seins. Dieses Symbol hilft Dir, einen Zustand der Versöhnung, des Verzeihens und des Loslassens zu erreichen. Es ist ein kraftvolles „Werkzeug" für diejenigen, die nach innerem Frieden und Heilung auf einer tieferen, energetischen Ebene suchen.

Die Anwendung von Sei He Ki in Deiner REIKI-Praxis unterstützt Dich dabei, emotionale und mentale Blockaden zu lösen und eine tiefere Balance und Ausrichtung Deines Seins zu erreichen. Dieses Symbol wirkt als Katalysator für innere Veränderungen und hilft Dir, Zustände von Unruhe, Angst und emotionaler Belastung zu überwinden. Es fördert Gelassenheit und Einheit im Bewusstsein und ermöglicht Dir, einen Zustand der Erkenntnis und Selbstermächtigung zu erreichen.

Mit Sei He Ki entdeckst Du die Kraft der Achtung und Vergebung, nicht nur gegenüber anderen, sondern auch gegenüber Dir selbst. Es unterstützt Dich in Deinem Transformationsprozess, indem es Dir hilft, alte Verletzungen und Kränkungen loszulassen und einen Weg des Friedens und der Versöhnung einzuschlagen. Dieses Symbol lehrt Dich, die Vergangenheit hinter Dir zu lassen und mit Vertrauen und Verständnis in die Zukunft zu blicken.

In Deiner REIKI-Praxis ermöglicht Sei He Ki die Stabilität und Zentrierung Deines Geistes. Es fördert Ganzheit und Authentizität, indem es Dir hilft, Deine wahre Natur und Wahrheit zu erkennen und anzunehmen. Mit der Anwendung von Sei He Ki öffnest Du Dich für tiefere Ebenen des Vertrauens und des Verständnisses, sowohl in Dir selbst als auch in Deinen Beziehungen zu anderen.

Sei He Ki begleitet Dich in Deiner REIKI-Praxis als kraftvolles Symbol der inneren Heilung. Es bietet Dir in herausfordernden Momenten Stabilität und dient als Quelle der Stärke und des Trostes. Sei He Ki erinnert Dich daran, dass Du die Fähigkeit besitzt, Deine Emotionen zu harmonisieren und Dein Leben mit innerer Ausgeglichenheit zu gestalten.

Sei He Ki ist ein Geschenk von unschätzbarem Wert auf Deinem REIKI-Weg. Es öffnet Dir die Türen zu neuen Erkenntnissen, tieferem Selbstbewusstsein und einer verstärkten Verbindung zur universellen Energie. Mit diesem Symbol in Deiner Praxis wirst Du eine neue Dimension der Heilung und des persönlichen Wachstums betreten, die Dich zu einem tieferen Verständnis Deiner selbst und zu einem Leben in wahrer Harmonie führt.

## Verwendung des Sei He Ki

Die Anwendung des Sei He Ki, des Mentalheilungssymbols im REIKI, eröffnet Dir ein tiefgreifendes Potenzial für Veränderung und Erneuerung. Dieses Symbol fördert nicht nur körperliche Heilung, sondern aktiviert transformative Prozesse auf mentaler und emotionaler Ebene. Sei He Ki ist eng verbunden mit dem indischen „Hri"[9], dem Symbol des Herzens und des Mitgefühls, und hilft dabei, emotionale Blockaden zu lösen, sodass Heilung im Inneren geschehen kann. Durch die Verbindung zu „Hri" erinnert es uns daran, dass wahre Heilung immer auch aus dem Herzen und einem Ort des Mitgefühls kommt.

Sei He Ki, ein Symbol, das speziell für die mentale Heilung entwickelt wurde, ist besonders wirksam, um schädliche Gewohnheiten und Denkmuster aufzulösen, die Leid und Unzufriedenheit verursachen. Dieses Symbol hilft Dir, eine sinnvolle Neuorientierung einzuleiten, die auf das Hier und Jetzt ausgerichtet ist und Dir den Weg zu einem erfüllteren und ausgeglichenen Leben ebnet.

Um die volle Bedeutung und Kraft des Sei He Ki zu verstehen, ist es hilfreich, seine Wurzeln in den ursprünglichen Siddham[10] zu analysieren, wie sie in den Sûtras beschrieben werden. Sei He Ki setzt sich aus den Siddham ha, ra, i und ah zusammen, wobei jedes Siddham eine eigene Bedeutung und praktische spirituelle Funktion hat. Zusammen wirken diese Siddham, um Anhaftungen des Geistes zu lösen und Störgefühle wie Neid, Zorn, Eifersucht, Habgier und Illusionen aufzulösen. Dies bedeutet, dass Sei He Ki besonders effektiv darin ist, die Gewohnheiten zu heilen, die Deinem Glück, Deiner Gesundheit und Deiner Zufriedenheit im Wege stehen.

---

[9] Hri ist ein buddhistischer Begriff, der mit „Selbstachtung" oder „Gewissenhaftigkeit" übersetzt wird. Es ist definiert als die Haltung, in Bezug auf die eigenen Handlungen ernsthafte Sorgfalt walten zu lassen und nicht tugendhafte Handlungen zu unterlassen. – gefunden bei: https://en-m-wikipedia-org.translate.goog/wiki/Hrī_(Buddhism)?_x_tr_sl=en&_x_tr_tl=de&_x_tr_hl=de&_x_tr_pto=sc

[10] Wenn Du mehr über Siddhams erfahrenmöchtest, hier ein kurzer einführungsartikel: https://de.wikipedia.org/wiki/Siddham

Die Verwendung des Sei He Ki in Deiner REIKI-Praxis unterstützt Dich bei der Entwicklung emotionaler Stabilität und seelischer Balance. Es hilft Dir, geistige Ruhe und Seelenfrieden zu finden, Konflikte zu lösen und mentale Ausgewogenheit zu erreichen. Durch die Heilung von Traumata und das Loslassen von Vergangenem eröffnet Sei He Ki den Weg zu Versöhnung und Vergebung.

Dieses Symbol spielt auch eine entscheidende Rolle in Deinem spirituellen Wachstum. Es fördert die Selbstfürsorge, den Selbstrespekt und die Selbstannahme und stärkt Dein Selbstvertrauen und Deine Selbstachtung. Sei He Ki ermutigt Dich, Herzlichkeit und Fürsorge in Deinen Beziehungen zu anderen zu praktizieren und unterstützt Dich dabei, Dein volles Potenzial zu entfalten.

Die Anwendung des Sei He Ki ist ein Prozess der Transformation und Wandlung. Es hilft Dir, Deine tiefsten Emotionen und Gedanken zu erkennen, zu verstehen und zu transformieren. Dieser Prozess führt zu einer tiefgreifenden Erneuerung Deiner mentalen, emotionalen und spirituellen Identität.

Insgesamt ist Sei He Ki ein mächtiges Arbeitsmittel in Deiner REIKI-Praxis, welches Dir hilft, Deine innere Welt zu heilen und zu harmonisieren. Es ist ein Symbol des Erwachens, das Dich auf eine Reise der Selbstentfaltung und Entwicklung führt. Mit Sei He Ki kannst Du ein Leben der Ganzheit und des inneren Friedens erschaffen, ein Leben, in dem Du Deine höchsten Ziele erreichst und Deine Träume verwirklichst.

Mir wurde beigebracht, dieses Symbol in Verbindung mit dem Cho ku rei gemeinsam zu nutzen.

– So wie oben schon angedeutet –

# Hon Sha Ze Sho Nen –
## Das Fernheilungssymbol

Auch hier möchte ich mit einem Gedicht beginnen. Es eröffnet den Sinn.

*In den Weiten des Kosmos, wo Sterne flimmern und singen,*

*Erhebt sich ein Symbol, das Heilung kann bringen.*

*Hon Sha Ze Sho Nen, das Zeichen der fernsten Macht,*

*Überbrückt Raum und Zeit, bringt Heilung bei Tag und Nacht.*

*Mit zarten Linien gezeichnet, in Äther und Licht,*

*Verbindet es Herzen, trennt sie niemals, nicht. Durch das Netz der Existenz, durch die Fäden der Zeit,*

*Fließt seine Energie, in unendlicher Weite bereit.*

*Wo Distanz uns trennt, wo Zeiten verweilen, Bringt Hon Sha Ze Sho Nen die Kräfte des Heilens.*

*Es ruft durch die Epochen, durch die Räume hinfort,*

*Erweckt das Verborgene, bringt Licht an jeden Ort.*

*Ein Echo der Ewigkeit, ein Flüstern im Wind, Ein Symbol der Verbundenheit, das immer gewinnt.*

*Durch Jahrhunderte getragen, in Momenten gespürt,*

*Wird jede Wunde geheilt, wird jede Seele
berührt.*

*Wie ein Sternenstrahl, so klar und rein, Durchdringt es
die Dunkelheit, lässt keinen
allein.*

*Mit jedem Hauch des Bewusstseins, mit jeder Regung
des Seins,*

*Wird Raum überwunden, wird Zeit, die einst schien so
klein.*

*Hon Sha Ze Sho Nen, das Symbol der Fernheilung pur,*

*Verbindet die Seelen, führt sie zur Lichterspur. Es bringt
uns zusammen, in Liebe und Licht, Zeigt uns die Wege,
die die Dunkelheit
durchbricht.*

*Wo Hoffnung verloren, wo Schmerz tief
vergraben,*

*Erhebt sich das Signum, lässt die Heilung
erstrahlen.*

*Durch Welten hinweg, durch Zeiten, die
fliehen,*

*Bringt es uns Heilung, lässt alte Wunden verziehen.*

*So möge es uns leiten, in der Ferne und
Nähe,*

*Uns stets erinnern, an die ewige, heilende Wehe.*

*Hon Sha Ze Sho Nen, das Symbol der Verbindung,*

*Bringt uns zusammen, in ewiger Empfindung.*

*In der Stille der Nacht, im Licht des neuen Tages,*

*Wird seine Kraft spürbar, in jeder Heilungsfrage.*

*Mögen wir es ehren, möge es uns führen, Durch die Weiten des Kosmos, zu den höchsten Höhen entführen.*

Nun eröffnet sich die Welt der Fernheilung, symbolisiert durch Hon Sha Ze Sho Nen. Dieses mächtige Symbol in REIKI 2 erweitert Deine Fähigkeit, Heilenergie jenseits der Grenzen von Raum und Zeit zu senden und zu empfangen.

Hon Sha Ze Sho Nen, oft als das Fernheilungssymbol bezeichnet, ermöglicht es Dir, Heilenergie über physische Distanzen hinweg zu senden. Dieses Symbol repräsentiert die zeitlose Verbindung und die Einheit aller Dinge und öffnet die Tür zur Heilung, unabhängig von der räumlichen Entfernung zwischen Dir und dem Empfänger. Es ist ein Symbol, das die tiefen Verbindungen zwischen Menschen hervorhebt, die über physische Präsenz hinausgehen.

Die Anwendung von Hon Sha Ze Sho Nen in Deiner REIKI-Praxis unterstützt Dich bei der Harmonisierung der energetischen und geistigen Bereiche des Seins. Es fördert die Prozesse der Versöhnung, des Verzeihens und des Loslassens und unterstützt Dich und andere dabei, inneren Frieden zu finden. Dieses Symbol hilft Dir, Balance und Heilung auf energetischer Ebene zu erreichen, was wiederum zu verbesserter Gesundheit und Gelassenheit führt.

Indem Du Hon Sha Ze Sho Nen in Deiner Praxis nutzt, erhöhst Du Dein Bewusstsein und Deine Erkenntnisfähigkeit. Es geht um mehr als nur die Heilung auf physischer Ebene; es geht um Selbstermächtigung, Achtung und Vergebung, letztendlich um die Schöpferkraft, die durch Dich wirkt. – sowohl in Bezug auf Dich selbst als auch auf andere. Hon Sha Ze Sho Nen unterstützt Dich in Deinem Transformationsprozess, indem es Dir hilft, Stabilität und Zentrierung in Deinem Leben zu finden.

Die Arbeit mit Hon Sha Ze Sho Nen trägt zur Entwicklung Deiner Ganzheit und Authentizität bei. Es erlaubt Dir, tiefer in Deine eigene Wahrheit einzutauchen und diese mit Vertrauen und Verständnis anzunehmen. Dieses Symbol ist ein kraftvoller Begleiter auf Deinem Weg, der Dich unterstützt, Deine Präsenz in der Welt zu stärken und Deine Verbindung zum Universum zu vertiefen.

REIKI 2 mit Hon Sha Ze Sho Nen öffnet eine Welt ohne die Begrenzungen von Raum und Zeit. Es ermöglicht Dir, Deine Heilenergie an jeden Ort, zu jeder Zeit zu senden, eine Fähigkeit, die Deine Praxis auf eine ganz neue Ebene hebt. Dieses Symbol ist ein Zeichen dafür, dass wir alle miteinander verbunden sind und dass unsere Heilungsenergie keine Grenzen kennt.

Als REIKI-Praktizierender im zweiten Grad wirst Du die wahre Tiefe und Kraft des Hon Sha Ze Sho Nen erfahren. Du lernst, wie Du diese Energie nutzen darfst, um nicht nur anderen, sondern auch Dir selbst Heilung und Frieden zu bringen. Hon Sha Ze Sho Nen ist nicht nur ein Arbeitsmittel für die Fernheilung; es ist ein Symbol für die unendliche Kraft der Liebe und der Verbindung, die in uns allen existiert.

Die Praxis mit Hon Sha Ze Sho Nen wird Dein Verständnis von REIKI und Deiner Rolle als Heiler vertiefen. Sie wird Dich auf eine Reise mitnehmen, auf der Du lernst, die Grenzen der physischen Welt zu überwinden und eine tiefere, spirituelle Verbindung zu allem, was ist, aufzubauen. Mit Hon Sha Ze Sho Nen in Deiner REIKI-Praxis wirst Du die wahre Bedeutung von Heilung und die unendlichen Möglichkeiten, die REIKI bietet, entdecken.

## Verwendung des Hon Sha Ze Sho Nen

Ein wesentlicher Bestandteil Deiner REIKI-Reise ist die Auseinandersetzung mit den Symbolen, insbesondere mit dem Hon Sha Ze Sho Nen. Dieses Symbol, oft als das komplexeste der REIKI-Symbole bezeichnet. Wie schon angedeutet: Es trägt eine tiefgreifende Bedeutung in sich und öffnet die Türen zu einer Heilung, die über die Grenzen von Raum und Zeit hinausgeht.

Hon Sha Ze Sho Nen, dessen sinngemäße Übersetzung "Der Ursprung leuchtet auf dem richtigen Kurs zum Ziel in Stille und Ruhe" lautet, ist ein Symbol, das den menschlichen Körper, die Chakren und die fünf Elemente darstellt. Es repräsentiert die Essenz des Seins und die Reise des Lebens – von der Quelle bis zum Ziel, immer auf dem Pfad der rechten Ordnung und in einem Zustand innerer Stille und Ruhe.

Die Verwendung des Hon Sha Ze Sho Nen in Deiner REIKI-Praxis ist eine Erfahrung, die Dich über die gewöhnlichen Grenzen der physischen Existenz hinausführt. REIKI ist frei von Raum und Zeit, und dieses Symbol ermöglicht es Dir, Heilenergie über weite Entfernungen und sogar über verschiedene Zeitdimensionen hinweg zu senden. Es ist ein

Werkzeug, das Dich mit anderen verbindet, unabhängig von deren physischer Entfernung zu Dir.

Hon Sha Ze Sho Nen wird oft in der Fernheilung verwendet, um Menschen zu erreichen, die nicht physisch anwesend sein können. Dieses Symbol ermöglicht es Dir, Deine Heilungsabsichten und -energien zu fokussieren und sie dorthin zu senden, wo sie am meisten benötigt werden. Es ist ein Ausdruck der universellen Verbundenheit und der Fähigkeit von REIKI, Barrieren zu überwinden und Heilung und Wohlbefinden zu fördern.

Dieses Symbol ist auch eng mit dem Konzept des Schicksals und der Bestimmung verbunden. Es erinnert uns daran, dass jeder von uns auf einer einzigartigen Lebensreise ist und dass wir durch die Verwendung des Hon Sha Ze Sho Nen dazu beitragen können, den Weg für uns selbst und für andere zu erhellen. Es unterstützt uns dabei, unseren eigenen Lebensweg zu finden und zu folgen und hilft uns, Hindernisse zu überwinden und Herausforderungen zu meistern.

Die Praxis mit Hon Sha Ze Sho Nen stärkt und ermächtigt Dich, ein tieferes Verständnis für dein Leben und Deine Rolle im Universum zu entwickeln. Dieses Symbol unterstützt Dich dabei, Deine Schöpferkraft bewusst zu entfalten. Durch seine Anwendung ziehst Du ein Gefühl von Fülle und Wohlstand in Dein Leben, während Du gleichzeitig anderen hilfst, das Gleiche zu erfahren.

In Deiner REIKI-Praxis fördert Hon Sha Ze Sho Nen nicht nur die Gesundheit und das Wohlbefinden, sondern auch das Gefühl der Gemeinschaft und der Verbundenheit auf unserem Planeten Erde und weit darüber hinaus.. Es ist ein Symbol, das Dich an die tiefen Verbindungen erinnert, die Du mit anderen teilst, und an die gemeinsame Reise, die wir alle im Leben antreten.

Insgesamt ist die Verwendung des Hon Sha Ze Sho Nen in Deiner REIKI-Praxis eine kraftvolle Erfahrung. Mit diesem Symbol kannst Du ein tieferes Verständnis für Dein eigenes Leben gewinnen, Dein Potenzial voll ausschöpfen und einen Zustand des inneren Friedens und der Harmonie erreichen.

## Meditation und REIKI

*„In stillem Fluss die Sinne ruh'n,*
*Gedanken gleiten sanft wie nun.*
*Mit Reiki's Licht im Einklang sein,*
*führt Meditation tief hinein."*

Als erfahrener REIKI-Praktizierender, der bereits tief in die Welt der Heilung und des spirituellen Wachstums eingetaucht ist, weißt Du, dass REIKI mehr ist als nur eine Technik – es ist ein Weg des Erwachens und der Transformation. Im zweiten Grad von REIKI betrittst Du eine Ebene, auf der Meditation nicht nur eine Ergänzung, sondern ein wesentlicher Bestandteil Deiner Praxis wird. Diese Meditationspraktiken sind Werkzeuge der Wandlung, die Dir helfen, Dein Bewusstsein zu erweitern und Deine Heilfähigkeiten zu vertiefen.

Die Meditation in REIKI II fördert eine intensivere Körperwahrnehmung und ein tieferes Gleichgewicht zwischen Geist und Körper. Sie lädt Dich ein, in eine Welt der Stille und

Entspannung einzutauchen, wo Heilung und Seelenreise Hand in Hand gehen. In diesen Momenten der Metamorphose findest Du einen Raum der Weiterentwicklung, der Geborgenheit und der Wertschätzung für Dich selbst und die Welt um Dich herum.

Eine der Schlüsselpraktiken in REIKI II ist die Meditation auf heilende Gedankenbilder. Diese Art der Visualisierung hilft Dir, positive Energie aufzubauen und Deine Fähigkeiten zur Selbstheilung zu stärken. Indem Du Dir Bilder von Heilung, Frieden und Harmonie vorstellst, lenkst Du die REIKI-Energie gezielt in Bereiche, die Heilung benötigen. Diese Praxis fördert nicht nur Deine eigene Gesundheit, sondern auch Deine Fähigkeit, anderen auf tiefere Weise zu helfen.

Die Meditation in REIKI II ist weiterhin eine Reise zur Selbsterkenntnis und Selbstakzeptanz. Sie lehrt Dich, Dich selbst und Deine Emotionen mit Mitgefühl und Freundlichkeit zu betrachten. Diese Praxis der Akzeptanz und des Mitgefühls ist grundlegend für Deine Entwicklung als REIKI-Praktizierender. Sie eröffnet Dir neue Perspektiven auf Dein Leben und Deine Beziehungen und hilft Dir, ein tieferes Verständnis und Empathie für andere zu entwickeln.

In diesen Momenten der Meditation erfährst Du auch ein Gefühl des Segens und der Fülle. Du beginnst, die vielen Gaben, die das Leben Dir bietet, zu erkennen und zu schätzen. Diese Haltung der Dankbarkeit und des Segens ist ein kraftvolles Werkzeug für Heilung und Wachstum. Sie schafft eine Atmosphäre der Positivität und des Friedens, die sowohl in Deiner REIKI-Praxis als auch in Deinem täglichen Leben spürbar wird.

Ein weiterer wichtiger Aspekt der Meditation in REIKI II ist die Hingabe. Diese Haltung der Hingabe erlaubt Dir, Dich vollständig auf den Moment und die Heilenergie einzulassen. Sie lehrt Dich, Kontrolle loszulassen und Dich der Führung und Weisheit des Universums anzuvertrauen. Diese Praxis der Hingabe öffnet Dein Herz und Deinen Geist für die unendlichen Möglichkeiten der Heilung und des spirituellen Wachstums.

Die Meditation im REIKI II ist eine Reise der Transformation, der Harmonie und des Seelenfriedens. Sie hilft Dir, Deine innere Welt zu erforschen, Deine Energie zu erneuern und Deine Praxis auf eine tiefere Ebene zu bringen. Sie ist ein Weg der Zuversicht, der Innenschau und der Erneuerung, der Dir hilft, Deine wahren Fähigkeiten als Heiler zu entdecken und zu entfalten. Mit jedem Atemzug und jeder Meditation wirst Du tiefer in die Welt des REIKI eintauchen und ein Leben voller Heilung, Frieden und Erwachen erfahren.

**Gassho-Meditation**: Eine grundlegende REIKI-Meditation, bei der die Hände in Gebetshaltung vor dem Herzen gehalten werden. Konzentriere Dich auf den Punkt zwischen den Handflächen, um innere Ruhe und Konzentration zu fördern.

**Visualisierung von heilenden Lichtströmen**: Visualisiere, wie heilendes Licht durch Deinen Körper fließt, jede Zelle berührt und Heilung bringt. Konzentriere Dich dabei auf die Farben und Empfindungen des Lichts.


**Cho Ku Rei-Meditation**:

Konzentriere Dich auf das Cho Ku Rei-Symbol, um die Energie zu verstärken und zu fokussieren. Visua lisiere, wie die Energie sich im Raum oder im Körper ausbreitet.

**Sei He Ki-Meditation**:

Konzentriere Dich auf das Sei He Ki-Symbol, um emotionale Heilung und mentale Klarheit zu fördern. Visualisiere das Symbol und seine Energie, die durch Deinen Körper fließt.

### Hon Sha Ze Sho Nen-Meditation:

Diese Technik eignet sich für die Fernheilung. Visualisiere das Symbol und sende Heilenergie über Zeit und Raum zu einer Person oder Situation, die Heilung benötigt.

### Joshin Kokyu Ho:

Eine Atemmeditation, bei der Du Dich darauf konzentrierst, mit jedem Atemzug REIKI-Energie einzuatmen und negative Energie auszuatmen.

### Erdbindungs-Meditation:

Diese Meditation hilft Dir, Dich zu erden und eine Verbindung zur Mutter Erde herzustellen. Stelle Dir vor, wie Energie von Deinen Füßen in die Erde fließt und umgekehrt.

### Liebe und Dankbarkeits-Meditation:

Fokussiere Dich auf Gefühle von Liebe und Dankbarkeit. Visualisiere, wie diese Emotionen Deinen Körper füllen und in die Welt ausstrahlen.

# Vertiefung der inneren Ruhe und Klarheit

*Im Innern finden wir den Raum,*
*wo Ruhe wächst wie in einem Traum.*
*Klarheit strahlt im Seelenschein,*
*führt uns zur Mitte, sanft und rein.*

In der Welt von REIKI bist Du nicht nur ein Kanal für Heilenergie, sondern auch ein Reisender auf einem Pfad der Selbsterkenntnis und inneren Transformation. Als erfahrener REIKI-Anwender weißt Du, dass die Verbindung zwischen Meditation und REIKI weit mehr ist als eine einfache Übung; sie ist eine tiefe Erforschung der inneren Ruhe und Klarheit, die Dir hilft, Deine Praxis und Dein Leben zu bereichern.

Die Meditation in Deiner REIKI-Praxis ist ein Raum für Selbstreflexion und Innenschau. Sie ermöglicht Dir, in einen Zustand der Selbstbetrachtung einzutreten, in dem Du Deine Gedanken, Gefühle und Erfahrungen aus einem neuen Blickwinkel betrachten kannst. In diesem Schutzbereich der Stille und Entspannung kannst Du Dich von den täglichen Belastungen lösen und einen klaren, unbelasteten Geisteszustand erreichen.

Diese Momente der Meditation sind auch Zeiten des Energieaufbaus. Hier schöpfst Du neue Kraft und Stärke, um Deine Fähigkeiten als Heiler zu erweitern und Deine Nächstenliebe und Dein Seelenheil zu vertiefen. Es ist ein Prozess, der Dich zurück zu Deiner Ursprünglichkeit und Deiner wahren Natur führt, und Dir hilft, die tiefen Wahrheiten Deines Seins zu erkennen und zu akzeptieren.

Die Meditation in Deiner REIKI-Praxis ist auch ein Weg der Wandlung. Durch die tiefe Körperwahrnehmung und das Streben nach Gleichgewicht findest Du einen Pfad der Heilung, sowohl für Dich selbst als auch für andere. Diese Seelenreise ist eine Metamorphose, die Dich durch Prozesse der Weiterentwicklung, Geborgenheit und Wertschätzung führt.

In diesen Momenten der Stille und des Friedens erfährst Du eine tiefere Selbsterkenntnis. Du beginnst, Deine Gedanken, Emotionen und Handlungen mit größerer Aufrichtigkeit und Bescheidenheit zu betrachten. Diese Praxis der Selbstakzeptanz und des Mitgefühls fördert eine tiefe Harmonie in Deinem Geist und Deinem Körper und hilft Dir, ein Gefühl der Seelenruhe und des Seelenfriedens zu erreichen.

Die Meditation in Verbindung mit REIKI ist auch ein Weg der Erweckung. Sie eröffnet Dir neue Perspektiven auf Dein Leben und Deine Beziehungen und hilft Dir, Deine Erfahrungen mit Zuversicht und Hingabe zu meistern. Du lernst, heilende Gedankenbilder zu nutzen, um Deine Energie aufzubauen und Dein Bewusstsein zu erweitern.

In der Stille Deiner Meditation findest Du einen Raum der Freigabe. Hier kannst Du alles loslassen, was Dich belastet, und Dich für neue Möglichkeiten und Erfahrungen öffnen. Diese Praxis des Loslassens und der Hingabe ist ein wesentlicher Bestandteil Deiner REIKI-Praxis, der Dir hilft, Deine innere Kraft und Deine Fähigkeit zur Heilung zu stärken.

Meditation in Verbindung mit REIKI ist eine Einladung, tiefer in Dich selbst einzutauchen und die Fülle des Lebens zu entdecken. Sie ist ein Weg, auf dem Du lernst, Dich selbst und andere mit größerer Freundlichkeit, Mitgefühl und Akzeptanz zu behandeln. Es ist eine Reise, die Dich zu einem tieferen

Verständnis von Frieden, Harmonie und Liebe führt und Dir hilft, ein Leben in wahrer Authentizität und Erwachen zu führen.

### Achtsamkeitsmeditation:

Konzentriere Dich auf den gegenwärtigen Moment, indem Du Deine Aufmerksamkeit auf Deinen Atem, Deine Gedanken, Gefühle und körperlichen Empfindungen richtest, ohne zu urteilen.

### Body-Scan-Meditation:

Beginne an den Füßen und arbeite Dich langsam nach oben. Achte auf jede Körperpartie und lasse bewusst Verspannungen und Stress los.

### Atembeobachtungsmeditation (Anapanasati):

Fokussiere Dich auf den natürlichen Rhythmus Deines Atems. Beobachte, wie Luft ein- und ausströmt, um Ruhe und Konzentration zu fördern.

### Mantra-Meditation:

Wiederhole ein beruhigendes Mantra (wie „Om" oder ein persönlich bedeutungsvolles Wort) in Gedanken, um den Geist zu beruhigen und zu fokussieren.

### Zazen (Zen-Meditation):

Sitze in stiller Meditation und lasse Gedanken und Emotionen ohne Anhaftung vorüberziehen, um Klarheit und geistige Stille zu fördern.

**Metta-Meditation (Liebende-Güte-Meditation):**

Konzentriere Dich darauf, liebevolle und positive Gedanken zu Dir selbst und anderen zu senden. Dies fördert Mitgefühl und innere Ruhe.

**Naturmeditation:**

Verbringe Zeit in der Natur und meditiere, während Du die natürliche Umgebung beobachtest – das Rauschen der Blätter, das Plätschern eines Baches oder die Vögel im Himmel.

## Weitere REIKI-Techniken im 2. Grad

## Energetische Reinigung und Ausgleich

*Die Energie, die rein und klar,*
*fließt durch uns wie ein leuchtend' Jahr.*
*Im Ausgleich finden wir das Licht,*
*das uns von Lasten sanft befreit und bricht.*

Als erfahrener REIKI-Anwender, der sich nun dem zweiten Grad zuwendet, stehst Du vor der faszinierenden Aufgabe, Deine Fähigkeiten in der energetischen Reinigung und im Ausgleich zu erweitern. Diese Techniken sind wesentlich für die Schaffung eines harmonischen und heilenden Umfelds, sowohl für Dich selbst als auch für die Menschen und Orte, mit denen Du in Kontakt kommst.

Im REIKI II lernst du, wie Du Räume und Orte energetisch reinigst und in Energie-Oasen verwandelst. Raumreinigung ist nicht nur eine physische Aufgabe; es geht darum, energetische Blockaden zu lösen und die Atmosphäre zu klären, damit Heilung und Wachstum gefördert werden können. Ebenso wichtig ist die Ortreinigung, die darauf abzielt, die Umgebung von störenden Energien zu befreien und ein Gleichgewicht herzustellen, das den Fluss der universellen Lebensenergie unterstützt.

Eine der grundlegenden Techniken, die Du in REIKI II erlernst, ist das Harmonisieren von Störstrahlungen. In unserer modernen Welt sind wir ständig verschiedenen Arten von Störungen ausgesetzt, sei es durch Elektrosmog, Lärm oder andere Umweltfaktoren. Mit REIKI kannst Du diese störenden Energien ausgleichen und transformieren, um ein heilsames Umfeld zu schaffen.

Ein weiterer wesentlicher Aspekt von REIKI II ist die Fähigkeit, Gegenstände mit REIKI aufzuladen. Dies kann alles von persönlichen Gegenständen wie Schmuck und Kleidung bis hin zu Werkzeugen und Möbeln umfassen. Durch das Aufladen dieser Gegenstände mit REIKI-Energie werden sie zu Trägern heilender Schwingungen, die Dich und andere in ihrem täglichen Leben unterstützen können.

Diese Techniken sind nicht nur Werkzeuge; sie sind Ausdrücke Deiner wachsenden Fähigkeit, mit der universellen Lebensenergie zu arbeiten und sie in Deinem täglichen Leben zu integrieren. Sie erlauben es Dir, aktiv an der Gestaltung Deiner Umgebung mitzuwirken und Orte der Ruhe, des Friedens und der Harmonie zu schaffen.

Die energetische Reinigung und der Ausgleich in REIKI 2 sind auch eine Einladung zur Selbstreflexion und zum inneren

Wachstum. Während Du lernst, Räume und Gegenstände zu reinigen und zu harmonisieren, wirst Du auch neue Einsichten über Dich selbst und Deine Beziehung zur Welt um Dich herum gewinnen. Diese Praxis fördert nicht nur Dein Wohlbefinden, sondern auch Deine spirituelle Entwicklung.

Insgesamt bieten die Techniken der energetischen Reinigung und des Ausgleichs im REIKI 2 eine erweiterte Perspektive auf die Möglichkeiten der Heilung und des Wachstums. Sie eröffnen Dir neue Wege, um mit der Energie um Dich herum zu arbeiten und ein Umfeld zu schaffen, das Gesundheit, Frieden und Wohlbefinden fördert. Mit diesen Fähigkeiten wirst Du nicht nur ein effektiverer Heiler, sondern auch ein bewussterer Gestalter Deiner eigenen Lebensumgebung und ein Botschafter der Harmonie in der Welt.

## Das Reinigen von Gegenständen

*Mit sanfter Kraft und stillem Licht,*
*wird jeder Gegenstand gedicht.*
*Durch Reiki's Segen, rein und klar,*
*erstrahlt er neu, wie wunderbar.*

Als erfahrener REIKI-Praktizierender bist Du bereits mit der kraftvollen Wirkung der universellen Lebensenergie vertraut. Eine der faszinierenden Anwendungen von REIKI, die Du im Laufe Deiner Praxis vertiefen wirst, ist das Reinigen und Energetisieren von Gegenständen. Diese Technik eröffnet eine neue Ebene der Heilung und Harmonisierung, nicht nur für Dich selbst, sondern auch für die physische Umgebung, in der Du lebst und arbeitest.

Das Reinigen von Gegenständen mit REIKI ist ein Prozess, der über die bloße physische Reinigung hinausgeht. Es geht darum, Objekte von negativen oder stagnierenden Energien zu befreien und sie mit positiver, heilender Energie zu füllen. Diese Praxis kann auf eine Vielzahl von Gegenständen angewendet werden, von persönlichen Schmuckstücken über Werkzeuge bis hin zu Möbeln, und trägt dazu bei, eine Umgebung zu schaffen, die von positiver Energie und Harmonie geprägt ist.

Der Prozess beginnt damit, den Gegenstand mit den Händen zu umfassen oder Deine Hände darüber bzw. daran zu halten. Dieser physische Kontakt ist der erste Schritt, um eine Verbindung zwischen Dir, dem Objekt und der REIKI-Energie herzustellen. In diesem Moment konzentrierst Du Dich darauf, die Energie durch Deine Hände fließen zu lassen und den Gegenstand in ein Feld heilender Schwingungen einzuhüllen.

Anschließend zeichnest und aktivierst Du das REIKI-Symbol SHK (Sei He Ki) und das Kraftsymbol CR (Cho Ku Rei) über dem Gegenstand. Diese Symbole verstärken die Energieübertragung und helfen, den Reinigungs- und Energetisierungsprozess zu intensivieren. Das Sei He Ki-Symbol wird oft verwendet, um emotionale und mentale Aspekte zu heilen, während das Cho Ku Rei-Symbol als Verstärker der REIKI-Energie dient.

Während Du diese Symbole aktivierst, benennst Du bewusst den Gegenstand und die REIKI-Energie. Dieser Akt des Benennens ist ein mächtiges Werkzeug der Absicht und der Manifestation. Es hilft Dir, Deine Absicht zu konkretisieren und die Energie gezielt auf den Gegenstand zu richten. Diese bewusste Benennung schafft eine starke Verbindung zwischen Dir, dem Objekt und der heilenden Energie.

Ein weiterer wichtiger Aspekt dieses Prozesses ist die Rezitation von Affirmationen. Diese positiven Aussagen können Themen wie Energetisierung, Regeneration oder andere heilende Absichten beinhalten. Durch die Rezitation von Affirmationen während der Energieübertragung verstärkst Du die Wirkung der REIKI-Energie und verleihst dem Objekt eine spezifische, heilende Qualität.

Die Technik des Reinigens von Gegenständen mit REIKI ist eine kraftvolle Methode, um Deine Umgebung in einen Raum zu verwandeln, der von positiver Energie, Gesundheit und Harmonie erfüllt ist. Sie erlaubt Dir, die heilende Kraft von REIKI auf eine praktische und greifbare Weise in Deinem Alltag zu integrieren. Durch diese Praxis kannst Du nicht nur Deine eigene Energie und die von anderen Menschen harmonisieren, sondern auch die Energie der Gegenstände in Deinem Leben, wodurch Du eine Atmosphäre des Wohlbefindens und der Ruhe schaffst.

Insgesamt bietet das Reinigen von Gegenständen mit REIKI eine wunderbare Möglichkeit, Deine REIKI-Praxis zu erweitern und zu vertiefen. Es ist ein Weg, um die heilende Energie von REIKI in alle Aspekte Deines Lebens zu bringen und eine Umgebung zu schaffen, die Deine spirituelle Entwicklung und Dein Wohlbefinden unterstützt.

## Reiki-Kraftplätze schaffen, Raum vitalisieren

*„An Orten, wo die Energie erblüht,*
*entsteht ein Raum, der Leben sieht.*
*Mit Reiki's Kraft den Platz erhellen,*
*wo Seelen sich in Frieden stellen."*

Du weißt, dass die Energie eines Raumes einen tiefgreifenden Einfluss auf das Wohlbefinden und die Harmonie der darin verweilenden Menschen hat. Die Kunst des Reinigens und Vitalisierens eines Raumes mit REIKI ist eine fortgeschrittene Technik, die es Dir ermöglicht, die Atmosphäre eines Raumes zu transformieren, indem Du ihn mit positiver Energie erfüllst und einen Schutzraum schaffst. Diese Praxis ist besonders nützlich in Bereichen, in denen Heilung, Entspannung oder spirituelles Wachstum gefördert werden sollen.

Der Prozess beginnt, indem Du den Raum betrittst und Dich bewusst auf die gegenwärtige Energie einstellst. Nimm Dir einen Moment Zeit, um die vorhandenen Energien zu spüren und Dich auf die bevorstehende Reinigung vorzubereiten. Anschließend zeichnest und aktivierst Du das Harmoniesymbol HS (Sei He Ki) und das Kraftsymbol CR (Cho Ku Rei). Diese Symbole sind essenziell, um die Reinigung und Energetisierung des Raumes zu intensivieren.

Das Sei He Ki wird verwendet, um emotionale und mentale Aspekte des Raumes zu harmonisieren. Es hilft, negative Gedankenmuster und emotionale Unruhen, die im Raum schweben könnten, zu klären. Das Cho Ku Rei hingegen wird genutzt, um die Energie des Raumes zu intensivieren und zu fokussieren. Indem Du das Cho Ku Rei zum Boden und zur Decke gewandt zeichnest und aktivierst, ermöglichst Du einen Energiefluss, der den gesamten Raum durchdringt und reinigt.

Der nächste Schritt ist das Visualisieren, wie sich REIKI kugelartig vom Zentrum des Raumes ausdehnt, kurz über seine Grenzen hinaus. Stelle Dir vor, wie die Energie des Raumes sich transformiert und eine Atmosphäre der Heilung und des Schutzes schafft. Diese Visualisierung ist ein mächtiges

Werkzeug, um die Intention der Raumreinigung zu verstärken und die Wirkung der REIKI-Energie zu manifestieren.

Während dieses Prozesses ist es wichtig, Affirmationen zu rezitieren, die auf Energetisierung, Regeneration und andere positive Aspekte abzielen. Diese Affirmationen können spezifisch auf den Zweck des Raumes zugeschnitten sein, sei es ein Raum für Heilung, Meditation, Kreativität oder Ruhe. Durch die Rezitation dieser Affirmationen verstärkst Du die Absicht hinter der Raumreinigung und hilfst dabei, eine Umgebung zu schaffen, die mit positiver Energie und harmonischen Schwingungen gefüllt ist.

Nachdem Du diesen Prozess abgeschlossen hast, ist der Raum nicht nur energetisch gereinigt, sondern auch vitalisiert und zu einem Schutzraum geworden. Dieser Raum ist nun ein Ort, an dem Menschen sich sicher, geborgen und unterstützt fühlen können. Er ist ein heiliger Ort, an dem die universelle Lebensenergie frei fließen und wirken kann, um Heilung, Frieden und spirituelles Wachstum zu fördern.

Diese REIKI-Technik zur Reinigung und Vitalisierung eines Raumes ist ein wertvolles Werkzeug in Deiner spirituellen Praxis. Sie ermöglicht es Dir, die Atmosphäre eines Raumes aktiv zu gestalten und zu einem Ort der Heilung und des Wachstums zu machen. Mit dieser Technik kannst Du nicht nur Dein eigenes Wohlbefinden verbessern, sondern auch positiv auf das Leben anderer Menschen einwirken, die diesen Raum betreten.

# Reiki und Wasser

*Das Wasser, klar und voller Kraft,*
*trägt Reiki's Licht in sanfter Haft.*
*Wo Energie und Heilung fließen,*
*kann durch das Nass das Leben sprießen.*

In der Praxis des REIKI, wo Energieübertragung und Heilung im Mittelpunkt stehen, ist die Beziehung zwischen REIKI und Wasser von besonderer Bedeutung. Als REIKI-Vermittler bist Du nicht nur ein Kanal für heilende Energie, sondern erfährst auch selbst die belebende und regenerierende Kraft des REIKI. Eine wichtige Erkenntnis, die oft übersehen wird, ist die Rolle des Wassers in diesem Prozess.

Wasser ist ein elementarer Bestandteil des Lebens und spielt eine entscheidende Rolle in der Aufrechterhaltung der körperlichen und energetischen Gesundheit. Während einer REIKI-Sitzung fließt Energie durch Deinen Körper, und dieser Prozess kann Deinen Hydratationsbedarf erhöhen. Es ist daher von großer Bedeutung, sowohl für den REIKI-Vermittler als auch für den Empfänger, darauf zu achten, dass ausreichend Wasser zur Verfügung steht.

Das Wasser vor einer REIKI-Sitzung mit REIKI zu energetisieren, ist eine wundervolle Praxis, die die heilende Wirkung des REIKI weiter vertieft. Indem Du Deine Hände über das Wasser hältst und Dir bewusst machst, wie REIKI belebend in das Wasser einfließt, verwandelst Du es in einen Trank der Heilung und Vitalität. Stelle Dir vor, wie jedes Wassermolekül von der heilenden Energie des REIKI durchdrungen wird und wie das Wasser zu einem Medium der Regeneration und des Wohlbefindens wird.

Diese Praxis kann durch die Rezitation von Affirmationen, die sich auf Energetisierung, Regeneration und andere positive Aspekte konzentrieren, verstärkt werden. Während Du das Wasser energetisierst, wiederhole Affirmationen, die Deiner Intention für die Sitzung entsprechen. Diese Affirmationen können sich auf Gesundheit, Klarheit, Frieden oder Liebe konzentrieren und helfen, die heilende Absicht zu verstärken und das Wasser energetisch aufzuladen.

Wasser, das mit REIKI aufgeladen wurde, dient nicht nur der körperlichen Hydratation, sondern auch der energetischen Reinigung und Vitalisierung. Es unterstützt den Heilungsprozess, indem es den Körper von innen heraus reinigt und belebt. Es ist, als ob Du die heilende Energie von REIKI nicht nur durch Deine Hände, sondern auch durch jeden Schluck des aufgeladenen Wassers überträgst.

Als REIKI-Vermittler ist es wichtig, die Bedeutung von Wasser in Deiner Praxis zu erkennen und es als wesentliches Element in Deinem Heilungsprozess zu integrieren. Indem Du sicherstellst, dass sowohl Du als auch Dein REIKI-Empfänger während und nach der Sitzung ausreichend Wasser trinken, förderst Du nicht nur die körperliche Gesundheit, sondern auch die Effektivität der REIKI-Energieübertragung.

Insgesamt ist die Verbindung zwischen REIKI und Wasser ein faszinierender Aspekt Deiner spirituellen Praxis, der zeigt, wie tiefgreifend die einfachsten Elemente des Lebens transformiert werden können. Durch die Energetisierung von Wasser mit REIKI schaffst Du ein machtvolles Werkzeug der Heilung und Regeneration, das die Wirkung Deiner REIKI-Praxis auf eine ganzheitliche und tiefgehende Weise ergänzt.

# Reiji Ho - eine erweiterte Technik des Reiki

Als erfahrener REIKI-Praktizierender hast Du sicherlich schon die tiefe und transformative Kraft des Energieaustauschs innerhalb der REIKI-Gemeinschaft erfahren. Eine der faszinierendsten Aspekte dieser Praxis ist die Integration erweiterter Techniken wie Reiji-ho, die Deine Intuition stärken und Dein Heilungspotenzial erweitern.

## Reiji-ho: Die Technik der Geistesoffenbarung

Reiji-ho, oft als „Methode des Zeigens des Geistes" oder „Technik der Geistesoffenbarung" interpretiert, ist eine erweiterte REIKI-Technik, die Dich dazu befähigt, Deiner Intuition zu folgen und die Bereiche mit dem größten Heilungsbedarf zu erkennen. Diese Praxis ist tief in der REIKI-Tradition verwurzelt und stellt eine erweiterte Anwendung der universellen Lebensenergie dar. Sie baut auf der Grundlage der Byosen Reikan-ho Technik auf, geht aber darüber hinaus, indem sie ein noch tieferes Verständnis und eine noch feinere Wahrnehmung für die Energieflüsse im Körper ermöglicht.

### Das Vertrauen in die eigene Intuition
*Im Innern ruht ein leiser Klang,*
*der Weisheit bringt ein Leben lang.*
*Mit Reiki's Hand und Herz geführt,*
*wird jede Ahnung neu gespürt.*

In der Reiji-ho-Praxis ist es entscheidend, Deiner Intuition zu vertrauen und Dich von ihr leiten zu lassen. Diese Technik erfordert ein hohes Maß an emotionaler Intelligenz und Authentizität. Wenn Du Deine Hände über den Körper eines Klienten oder über einen bestimmten Bereich schweben lässt, wirst Du intuitiv zu den Stellen geführt, die Heilung benötigen. Diese intuitive Führung ist ein kraftvolles Werkzeug, das Dir hilft, genau zu erkennen, wo Deine heilende Energie am dringendsten benötigt wird.

## Integration in die REIKI-Gemeinschaftspraxis

In der REIKI-Gemeinschaft wird die Reiji-ho-Technik besonders geschätzt, da sie ein tieferes Verständnis und eine intensivere Verbindung zwischen den Praktizierenden und den Empfängern der Heilung ermöglicht. Sie fördert eine inklusive und ganzheitliche Heilungsatmosphäre, in der jeder Einzelne sich verstanden und wertgeschätzt fühlt. Diese Technik erweitert nicht nur Deine persönlichen Fähigkeiten als Heiler, sondern stärkt auch die kollektive Energie und das Bewusstsein innerhalb der REIKI-Gemeinschaft.

## Die Bedeutung des Energieaustausches

Der Energieaustausch in der REIKI-Gemeinschaft, verstärkt durch Techniken wie Reiji-ho, schafft eine Umgebung, in der Heilung auf tiefen Ebenen stattfinden kann. Indem Du lernst, Deiner Intuition zu vertrauen und sie in Deine Praxis zu integrieren, kannst Du die Heilungseffekte von REIKI maximieren – sowohl für Dich selbst als auch für andere. Dieser Austausch ist ein wesentlicher Bestandteil Deines spirituellen Wachstums und Deiner Entwicklung als REIKI-Praktizierender.

# Reiji-ho als Wegweiser für Heilung und Wachstum

Die Praxis der Reiji-ho ist nicht nur ein Werkzeug für die Heilung; sie ist auch ein Wegweiser für Dein eigenes spirituelles Wachstum. Durch diese Technik lernst Du, Deine intuitiven Fähigkeiten zu schärfen und ein tieferes Verständnis für die subtilen Energien, die unseren Körper und Geist durchströmen, zu entwickeln. Diese Fähigkeit ist besonders in der REIKI-Gemeinschaft von unschätzbarem Wert, da sie einen Raum für gemeinsames Lernen, Wachstum und gegenseitige Unterstützung schafft.

Die Reiji-ho-Praxis ist ein wunderbares Beispiel dafür, wie intuitive Führung und emotionale Intelligenz die Heilungsarbeit bereichern können. Sie ermöglicht Dir, authentischer und inklusiver zu heilen und tiefe Verbindungen zu den Menschen herzustellen, denen Du hilfst. Als REIKI-Anwender öffnet Dir die Reiji-ho-Technik Türen zu neuen Ebenen der Wahrnehmung und Heilung und verstärkt Deine Rolle in der Gemeinschaft als ein Heiler, der nicht nur durch die Hände, sondern auch durch das Herz wirkt. Indem Du diese Praxis integrierst, bereicherst Du nicht nur Deine eigene REIKI-Erfahrung, sondern trägst auch zu einem tieferen, gemeinschaftlichen Verständnis und einer stärkeren Verbindung innerhalb der REIKI-Gemeinschaft bei.

# Energetischer Wasserfall

Als erfahrener REIKI-Anwender weißt Du, dass die REIKI-Praxis weit über die bloße Anwendung von Handpositionen und das Übertragen von Heilenergie hinausgeht. Es ist eine tiefgreifende spirituelle Erfahrung, die Dich einlädt, in die unergründlichen Tiefen Deiner eigenen Intuition und Energie einzutauchen. Einer der wirkungsvollsten Wege, um diese tiefen Ebenen zu erkunden, ist die Technik des „energetischen Wasserfalls".

## Einleitung in die Technik des energetischen Wasserfalls

Stell Dir vor, Du stehst unter einem mächtigen, leuchtenden Wasserfall. Dies ist kein gewöhnlicher Wasserfall, sondern eine kraftvolle Strömung universeller Lebensenergie. Der energetische Wasserfall ist eine Visualisierungstechnik, die Dir hilft, Dich tiefer mit der REIKI-Energie zu verbinden und sie fließen zu lassen. Dieser Prozess beginnt mit der Intuition und der bewussten Atmung, um Dich voll und ganz auf die Gegenwart und das Hier und Jetzt zu konzentrieren.

## Intuition als Wegweiser

Deine Intuition ist der Schlüssel zum erfolgreichen Eintauchen in den energetischen Wasserfall. Sie dient als Dein innerer Wegweiser und hilft Dir, die Strömungen der Energie wahrzunehmen und zu interpretieren. Höre auf die leisen Flüstern Deiner inneren Stimme, die Dir den Weg weist, und erlaube Deiner Intuition, Dich durch diesen Prozess zu führen.

## Atmung: Das Tor zur Energie

Die Atmung spielt eine entscheidende Rolle bei der Technik des energetischen Wasserfalls. Durch bewusstes und tiefes Atmen öffnest Du Dich für den Fluss der universellen Energie. Jeder Atemzug ist wie eine Welle, die Dich tiefer in den Zustand der Entspannung und Öffnung führt. Mit jedem Ein- und Ausatmen intensivierst Du Deine Verbindung zur REIKI-Energie.

## Fokussieren und Loslassen des Widerstands

Fokussierung ist entscheidend, um das volle Potenzial des energetischen Wasserfalls zu erschließen. Konzentriere Dich darauf, wie die Energie wie ein Wasserfall über Dich herabströmt. Visualisiere, wie jede Zelle Deines Körpers von dieser heilenden Energie durchdrungen wird. Es ist wichtig, jeglichen Widerstand loszulassen. Erlaube der Energie, frei zu fließen, ohne sie zu kontrollieren oder zu lenken.

## REIKI fließen lassen

Jetzt ist es an der Zeit, die REIKI-Energie fließen zu lassen. Stell Dir vor, wie die Energie aus dem Universum durch Deine Krone fließt und sich in einem kontinuierlichen Strom durch Deinen ganzen Körper bewegt. Dieser Energiestrom reinigt, heilt und revitalisiert Dich. Er lässt alle Blockaden und negativen Energien wegschmelzen und füllt Dich mit Licht und Reinheit.

## Der energetische Wasserfall in der Praxis

In Deiner täglichen REIKI-Praxis kannst Du den energetischen Wasserfall als eine Technik verwenden, um Deine Sitzungen zu intensivieren. Ob Du die Energie für Dich selbst oder für andere fließen lässt, diese Technik hilft Dir, eine tiefere und wirkungsvollere Heilung zu erreichen. Sie kann besonders nützlich sein, um mit emotionalen Blockaden oder tief sitzenden physischen Beschwerden umzugehen.

Der energetische Wasserfall ist mehr als nur eine Visualisierungstechnik; es ist eine kraftvolle Methode, um eine tiefere Verbindung mit der universellen Lebensenergie herzustellen. Durch die Kombination von Intuition, Atmung und Fokussierung bietet sie einen Weg, um die Energieflüsse in Deinem Körper und Geist zu harmonisieren und zu stärken. In Deiner REIKI-Praxis bietet sie einen Weg, um Deine Fähigkeiten als Heiler zu vertiefen und Deine Verbindung zum Universum zu intensivieren.

## Kurze Beschreibung zur Anwendung des energetischen Wasserfalls:

### 1. Die Ausgangsposition

Beginne, indem Du Dich in eine entspannte Haltung begibst. Halte Deine Hände mit einem Abstand von etwa einem Meter voneinander entfernt auf Schulterhöhe. Spüre, wie Deine Arme leicht und entspannt sind, während Du diese Position einnimmst.

### 2. Fokussiere Deine Aufmerksamkeit

Richte nun Deine volle Aufmerksamkeit auf die Handinnenflächen. Spüre die Energie, die Wärme oder das Prickeln, das sich dort möglicherweise manifestiert. Dieser

Schritt hilft Dir, eine tiefere Verbindung zu Deinem Energiefluss herzustellen.

## 3. Visualisierung des Energieflusses

Stelle Dir jetzt vor, dass der Strom des REIKI über Dir erscheint und im Raum zwischen Deinen Händen durch Dich hindurchfließt. Visualisiere, wie dieser Energiestrom über und durch Dich strömt, eine Brücke zwischen Deinen Händen bildend. Diese Visualisierung verstärkt die Wahrnehmung des Energieflusses.

## 4. Beginn der Bewegung

Beginne mit einer sanften Ausatmung und bewege Deine Hände ganz langsam aufeinander zu. Stell Dir vor, wie Du den energetischen Wasserfall zusammendrückst, während Du dies tust. Diese Bewegung sollte fließend und behutsam sein, synchron mit Deinem Atem.

## 5. Spüre und reagiere auf Widerstand

Wenn Du an einer Stelle einen leichten Widerstand spürst, halte kurz inne. Verharre in dieser Position, bis sich der Widerstand löst. Bewege Deine Hände dabei leicht hin und her, um die Energie zu regulieren und den Fluss zu harmonisieren.

## 6. Abschluss der Übung

Zum Abschluss dieser Übung lass die sich langsam entwickelnde Energiekugel liebevoll aus dem Raum herausführen. Stelle Dir vor, wie diese Energiekugel sich sanft in den Raum ausdehnt, ihn mit der heilenden REIKI-Energie erfüllt.

Diese Übung des energetischen Wasserfalls ist eine wunderbare Möglichkeit, Deine Fähigkeiten in der

Wahrnehmung und Manipulation von Energie zu schärfen. Es geht darum, sich mit der universellen Lebensenergie in Einklang zu bringen und ein tieferes Verständnis für den Energiefluss zu entwickeln. Mit jeder Wiederholung dieser Übung wirst Du feststellen, dass Deine Sensibilität für die Energie und Deine Fähigkeit, sie zu steuern, zunehmen. Genieße diesen Prozess und erlaube Dir, in jedem Moment vollständig präsent zu sein.

# REIKI – Selbstfürsorge

*„Im Geben findet sich das Sein, doch Selbstfürsorge darf nicht klein. Mit Reiki's Licht das Herz bedacht, wird auch das eigene Wohl entfacht."*

In der Welt des REIKI ist es essentiell, nicht nur für andere zu sorgen, sondern auch auf das eigene Wohlbefinden zu achten. Als REIKI-Praktizierender, insbesondere wenn Du eine eigene Praxis führst und täglich viele Stunden in der Arbeit mit Klienten verbringst, ist Selbstfürsorge kein Luxus, sondern eine Notwendigkeit. Es geht darum, ein Gleichgewicht zu finden, das es Dir ermöglicht, anderen zu helfen, ohne dabei Deine eigenen Bedürfnisse zu vernachlässigen.

Einer der Schlüsselaspekte der Selbstfürsorge in REIKI ist der Selbstschutz. Dies bedeutet, dass Du bewusst Pausen zwischen den Behandlungen einlegen solltest, um Deine Energiereserven aufzufüllen und zu verhindern, dass Du Dich im Trubel des Praxisalltags verlierst. Diese Pausen sind nicht nur physische Auszeiten, sondern auch Gelegenheiten für mentale und emotionale Heilung.

In diesen Pausen kannst Du Dich auf die Mentalheilung für Dich selbst konzentrieren. Eine effektive Technik ist es, eine Hand auf die hintere Schädelkante und die andere auf die Stirn zu legen. Diese Handpositionen helfen, Deinen Geist zu beruhigen und mentale Klarheit zu fördern. Sie unterstützen Dich dabei, Stress abzubauen und Dich wieder zu zentrieren.

Während Du diese Positionen einnimmst, visualisiere und aktiviere die REIKI-Symbole CR (Cho Ku Rei) und HSK (Sei He Ki). Das Cho Ku Rei hilft Dir, Deine Energie zu fokussieren und zu stärken, während das Sei He Ki auf emotionale und mentale Ausgeglichenheit abzielt. Lasse REIKI seinen wunderbaren

Dienst tun, spüre, wie die Energie in Dir fließt, Dich ausgleicht und Dir Erholung schenkt.

In diesen Momenten der Selbstfürsorge können auch Affirmationen hilfreich sein. Wähle Affirmationen, die Deine Absichten für Heilung, Erneuerung und Stärkung widerspiegeln. Wiederhole sie leise oder in Gedanken, während Du die REIKI-Energie fließen lässt. Sie können Dir helfen, Deinen Geist auf Positives auszurichten und Deine Energie auf Erholung und Regeneration zu fokussieren.

Selbstfürsorge in REIKI bedeutet auch, Deine eigenen Grenzen zu erkennen und zu respektieren. Es ist wichtig, dass Du auf die Signale Deines Körpers und Deines Geistes hörst und angemessen darauf reagierst. Wenn Du spürst, dass Du erschöpft bist oder eine Pause benötigst, zögere nicht, Dir diese zu nehmen. Nur wenn Du gut für Dich selbst sorgst, kannst Du auch effektiv für andere da sein.

Darüber hinaus ist es wichtig, dass Du auch außerhalb Deiner Praxis auf Selbstfürsorge achtest. Dies kann regelmäßige Meditation, leichte körperliche Übungen, gesunde Ernährung oder einfach nur Zeit in der Natur sein. Alles, was Dir hilft, Deinen Geist zu beruhigen und Deine Energie zu erneuern, ist ein wesentlicher Bestandteil Deiner Selbstfürsorge.

Insgesamt ist Selbstfürsorge in REIKI eine Kunst, die es Dir ermöglicht, in Deiner Praxis zu gedeihen und gleichzeitig Dein eigenes Wohlbefinden zu fördern. Indem Du auf Dich selbst achtest, stärkst Du Deine Fähigkeit, anderen zu helfen, und ermöglichst es Dir, Dein volles Potenzial als REIKI-Praktizierender zu entfalten.

# Fernheilung – Energie über Distanz

*„Durch Raum und Zeit die Kräfte fließen,*
*die heilend fernes Herz genießen.*
*Ein Band aus Licht, das uns verbindet,*
*in Fernheilung die Seele findet."*

Als erfahrener REIKI-Anwender stehst Du vor einer der faszinierendsten Facetten dieser heilenden Kunst: der Fernheilung. Fernheilung ist ein tiefgreifendes Konzept in REIKI, das es Dir ermöglicht, Heilenergie über räumliche Distanzen hinweg zu senden. Diese Praxis eröffnet eine Welt von Möglichkeiten, in der Du Menschen helfen kannst, die physisch nicht anwesend sind, und dennoch von der universellen Lebensenergie profitieren möchten.

Fernheilung basiert auf der grundlegenden REIKI-Lehre, dass Energie nicht durch physische Barrieren begrenzt ist. Sie kann sich über Raum und Zeit hinweg ausdehnen und ist in der Lage, überall dorthin zu gelangen, wo sie benötigt wird. Diese Art der Heilung erfordert ein tiefes Verständnis und Vertrauen in die REIKI-Prinzipien sowie eine starke Intention und Fokussierung.

Um eine Fernheilungssitzung zu beginnen, ist es wichtig, sich in einem Zustand tiefer Entspannung und Konzentration zu befinden. Finde einen ruhigen Ort, an dem Du ungestört bist, und nimm Dir einen Moment Zeit, um Dich zu zentrieren und Deine Energie zu sammeln. Visualisiere die Person, die Du behandeln möchtest, und stelle eine geistige Verbindung her. Du kannst Dir die Person in einem Raum vorstellen, umgeben von heilender Energie, oder Du visualisierst, wie Deine Energie über die Distanz hinweg zu ihr fließt.

Ein wesentliches Werkzeug für die Fernheilung ist das REIKI-Symbol Hon Sha Ze Sho Nen. Dieses Symbol wird in der REIKI-Praxis verwendet, um die Grenzen von Raum und Zeit zu überwinden. Es hilft Dir, Deine Heilungsabsichten über Entfernungen hinweg zu senden und eine Verbindung mit der Person herzustellen, die die Heilung empfangen soll.

Während der Fernheilungssitzung kannst Du verschiedene REIKI-Handpositionen nutzen, so als wäre die Person physisch anwesend. Halte Deine Hände in der Luft oder lege sie sanft auf eine Kissen- oder Stuhloberfläche, die die Person repräsentiert. Konzentriere Dich darauf, wie die Energie durch Deine Hände fließt und zu der Person reist, die Du behandelst.

Affirmationen sind ein weiteres mächtiges Werkzeug, das Du während einer Fernheilungssitzung nutzen kannst. Während Du die Energie sendest, wiederhole positive Affirmationen, die Deine Heilungsintentionen unterstützen. Diese können sich auf Gesundheit, Frieden, Stärke oder jegliche andere Form der Heilung beziehen, die Du senden möchtest.

Die Fernheilung in REIKI ist ein tiefes Zeugnis der Macht und Reichweite der universellen Lebensenergie. Sie erinnert uns daran, dass wir alle miteinander verbunden sind und dass unsere Gedanken und Intentionen eine kraftvolle Wirkung haben können. Als REIKI-Praktizierender hast Du die einzigartige Fähigkeit, Heilung und Positivität über die Grenzen des Physischen hinaus zu senden und so das Leben von Menschen zu berühren, die Du vielleicht nie persönlich treffen wirst.

Insgesamt ist Fernheilung eine erhebende und erfüllende Praxis, die Dir ermöglicht, Dein Wissen und Deine Fähigkeiten als REIKI-Anwender zu erweitern. Sie ist ein Weg, um anderen in Zeiten der Not zu helfen und ein starkes Gefühl der Verbundenheit und des gemeinsamen Menschseins zu fördern.

## Techniken und Praxis der Fernheilung

Diese Techniken eröffnen eine Welt, in der Du Menschen erreichen kannst, die physisch nicht in Deiner Nähe sind, und ihnen dennoch die wohltuende Wirkung von REIKI zukommen lassen kannst.

## Vorbereitung des Raumes und Deines Geistes:

*„Bereite Raum und Geist zugleich,*
*mit Reiki's Licht und Kraft so reich.*
*Ein Ort der Ruhe, klar und rein,*
*lädt Heilung und Konzentration ein."*

Bevor Du mit der Fernheilung beginnst, ist es wichtig, einen ruhigen, gereinigten Raum für Deine Praxis zu schaffen. Nutze REIKI, um den Raum energetisch zu reinigen und eine Atmosphäre der Ruhe und Konzentration zu schaffen. Zünde vielleicht eine Kerze an oder benutze Aromatherapie, um Deine Sinne zu beruhigen und Dich auf die bevorstehende Sitzung vorzubereiten.

## Die „Technik"

Die von Dir gewählte Technik zur Verbindung mit dem anderen
Menschen / Lebewesen / Ort und oder Zeitpunkt / Zeitdauer.

### Dankbarkeit und Abschluss:

Nach Abschluss der Fernheilungssitzung ist es wichtig, einen
Moment der Dankbarkeit für die übertragene Energie und das
Vertrauen in den Heilungsprozess zu nehmen. Visualisiere, wie
die Verbindung sanft gelöst wird, und danke der universellen
Lebensenergie für ihre Unterstützung.

### Nachsorge für Dich selbst:

Vergiss nicht, nach einer Fernheilungssitzung auch für Dich
selbst zu sorgen. Trinke Wasser, um Deinen Körper zu reinigen
und die Energieflüsse zu unterstützen, und nimm Dir Zeit, um
Deine eigenen Energiereserven wieder aufzufüllen.

Die Praxis der Fernheilung in REIKI ist ein wunderschönes
Zeugnis der Verbindung, die wir alle teilen, und der Macht der
Absicht und Energie. Sie erinnert uns daran, dass wir, obwohl
wir physisch getrennt sein mögen, energetisch miteinander
verbunden sind und die Fähigkeit haben, über Grenzen hinweg
Heilung und Trost zu bringen. Als REIKI-Praktizierender bist Du
ein wichtiger Teil dieses heilenden Netzes, und Deine
Fernheilungspraxis ist ein wertvoller Beitrag zum Wohl von
Individuen und der Gemeinschaft als Ganzes.

1. **Verwendung des Hon Sha Ze Sho Nen-Symbols**:

   Dieses Symbol wird speziell in REIKI für Fernheilungen verwendet. Es hilft, die Barrieren von Raum und Zeit zu überwinden und eine Verbindung mit der Person oder Situation herzustellen, die Heilung benötigt. Visualisiere das Symbol und konzentriere Dich darauf, Heilenergie zu senden.

2. **Visualisierungstechnik**:
   Stelle Dir die Person, die die Fernheilung erhalten soll, lebhaft vor. Visualisiere, wie heilende Energie von Dir zu dieser Person fließt. Du kannst Dir vorstellen, dass die Person in einem Licht oder einer Farbe badet, die Heilung und Wohlbefinden symbolisiert.

3. **REIKI-Heilungskugel (Reiki Energy Ball)**: Erstelle eine „Heilungskugel", indem Du Deine Hände formst, als würdest Du einen Ball halten. Konzentriere Dich darauf, die REIKI-Energie in diesen Ball zu leiten, und sende ihn dann mental zu der Person, die die Heilung empfangen soll.

4. **REIKI-Fernbehandlungsritual**:
   Setze Dich in einer ruhigen Umgebung hin und schreibe den Namen der Person auf, die behandelt werden soll. Platziere den Namen unter eine REIKI-Box oder - Kristall. Führe dann eine normale REIKI-Behandlung durch, als ob die Person physisch anwesend wäre, und richte die Energie auf den Namen oder die Box.

5. **Einsatz von Affirmationen**:
   Während der Fernbehandlung können positive Affirmationen gesprochen oder gedacht werden, um die Intention zu verstärken. Affirmationen wie „Heilung fließt zu [Name]" oder „[Name] empfängt jetzt die beste

REIKI-Energie für sein/ihr höchstes Wohl" können die
Effektivität der Fernheilung erhöhen.

## Verantwortung und Ethik in der Fernheilung

*Mit Kraft aus Ferne, heilend' Licht,*
*liegt große Pflicht in deiner Sicht.*
*Ethik führt die heilend' Hand,*
*in Verantwortung fest verbannt.*

Als erfahrener REIKI-Anwender weißt Du, dass die Praxis der
Fernheilung eine tiefe Verantwortung und ein hohes Maß an
ethischem Bewusstsein erfordert. Fernheilung, die Kunst,
Heilenergie über räumliche Distanzen hinweg zu senden, ist ein
kraftvolles Werkzeug in Deinem REIKI-Repertoire. Es
ermöglicht Dir, Menschen und Situationen positiv zu
beeinflussen, selbst wenn sie physisch nicht anwesend sind.
Doch mit dieser Fähigkeit geht auch eine große Verantwortung
einher.

### 1. Einholen von Zustimmung:

Das wichtigste ethische Prinzip in der Fernheilung ist die
Zustimmung. Bevor Du beginnst, Heilenergie an
jemanden zu senden, ist es unerlässlich, die Erlaubnis
der betreffenden Person einzuholen. Diese Zustimmung
respektiert die Autonomie und den freien Willen des
Empfängers und stellt sicher, dass Deine

Heilungsabsichten im Einklang mit ihren Wünschen stehen.

## 2. Klare Absichten setzen:

Die Intention hinter Deiner Fernheilung sollte immer klar und zum höchsten Wohl des Empfängers ausgerichtet sein. Vermeide es, Deine eigenen Vorstellungen oder Wünsche aufzuzwingen. Konzentriere Dich darauf, Heilung und Unterstützung zu senden, die den Bedürfnissen und dem Wohlbefinden des Empfängers entsprechen.

## 3. Respektieren der Grenzen:

Auch in der Fernheilung ist es wichtig, die Grenzen des Empfängers zu respektieren. Dies bedeutet, dass Du sensibel für Anzeichen sein solltest, die darauf hindeuten, dass jemand Deine Heilung nicht mehr benötigt oder wünscht. Es ist wichtig, die Fähigkeit zu entwickeln, solche Signale wahrzunehmen, selbst wenn sie nicht direkt kommuniziert werden.

## 4. Vertraulichkeit bewahren:

Behandle Informationen über den Empfänger und die Fernheilungssitzung vertraulich. Informationen über den Gesundheitszustand, persönliche Probleme oder andere sensible Daten sollten mit Diskretion und Respekt behandelt werden.

## 5. Selbstfürsorge und Energiemanagement:

Als REIKI-Anwender ist es entscheidend, auch auf Dein

eigenes Wohlergehen zu achten. Fernheilung kann energetisch anspruchsvoll sein. Achte darauf, dass Du zwischen den Sitzungen ausreichend Zeit zur Regeneration einplanst und Deine eigenen Energiereserven auffüllst.

## 6. Realistische Erwartungen setzen:

Während REIKI eine kraftvolle Heilungsunterstützung bieten kann, ist es wichtig, realistische Erwartungen zu setzen. REIKI ersetzt keine medizinische Behandlung, sondern kann als ergänzende Praxis angesehen werden. Stelle sicher, dass die Empfänger sich dessen bewusst sind und ermutige sie, bei Bedarf professionelle medizinische Hilfe in Anspruch zu nehmen.

## 7. Kontinuierliche Weiterbildung:

Die Welt des REIKI und der energetischen Heilung entwickelt sich ständig weiter. Bleibe offen für neue Erkenntnisse, Techniken und Perspektiven. Eine kontinuierliche Weiterbildung hilft Dir, Deine Praxis zu vertiefen und im Einklang mit den besten Praktiken und ethischen Standards zu bleiben.

Fernheilung im REIKI ist eine wunderschöne und transformative Praxis, die das Leben vieler Menschen positiv beeinflussen kann. Indem Du diese ethischen Richtlinien beachtest, stellst Du sicher, dass Deine Praxis nicht nur effektiv, sondern auch respektvoll und verantwortungsbewusst ist. Diese Prinzipien helfen Dir, eine sichere, unterstützende und heilende Umgebung für alle Beteiligten zu schaffen, unabhängig von Raum und Zeit.

## REIKI als Unterstützung in besonderen Lebensphasen

*„In Wandelzeiten, still und klar,*
*zeigt Reiki uns, was stets schon war.*
*Ein Licht in Höhen, Tiefen auch,*
*führt uns zu Heilung, Friedenshauch.*

Die Praxis mit Hon Sha Ze Sho Nen stärkt das Bewusstsein und fördert ein tieferes Verständnis für das eigene Leben und die Rolle im Universum. Dieses Symbol unterstützt dabei, die eigene Schöpferkraft bewusst zu entfalten. Durch seine Anwendung können Fülle und Wohlstand ins Leben gezogen werden, während gleichzeitig auch anderen geholfen wird, dasselbe zu erfahren.

**1. Schaffung eines Schutzraums:**
In herausfordernden Zeiten kann REIKI dabei helfen, einen energetischen Schutzraum zu schaffen. Stelle Dir vor, wie Du eine Schutzkuppel um Dich herum errichtest, die Dich vor negativen Einflüssen bewahrt und Dir erlaubt, in Ruhe zu heilen und zu wachsen. Diese energetische Abschirmung gibt Dir den Raum und die Sicherheit, Dich auf Deine innere Arbeit und Heilung zu konzentrieren.

## 2. Selbstannahme und Selbstachtung:

REIKI unterstützt Dich dabei, Dich selbst in all Deinen Facetten anzunehmen und zu achten. Nutze die REIKI-Energie, um alte Muster der Selbstkritik zu durchbrechen und einen Weg der Güte und Fürsorge für Dich selbst zu beschreiten. Selbstannahme ist der erste Schritt zu tiefgreifender innerer Heilung.

## 3. Vergeben und Loslassen:
Vergebung ist ein wesentlicher Aspekt der Heilung. REIKI kann Dich dabei unterstützen, alte Verletzungen loszulassen und zu vergeben – sei es anderen oder Dir selbst. Diese Praxis der Vergebung öffnet Dein Herz und lässt heilende Energie frei fließen.

## 4. Zuversicht und Entspannung:
In Zeiten der Unsicherheit kann REIKI Dir helfen, Zuversicht und Entspannung zu finden. Lasse REIKI durch Dich fließen und spüre, wie es innere Unruhe besänftigt und Dir ein Gefühl der Sicherheit und des Vertrauens gibt.

## 5. Innere Harmonie und Frieden:
REIKI fördert die innere Harmonie und hilft Dir, Frieden in Dir selbst zu finden. Nutze Meditationen und REIKI-Praktiken, um Deine Gedanken zu beruhigen und ein tiefes Gefühl des inneren Friedens zu erreichen.

## 6. Konfliktlösung und Wandlung:
REIKI kann ein mächtiges Werkzeug für die Konfliktlösung sein. Es hilft Dir, Situationen aus einer höheren Perspektive zu betrachten und Lösungen zu finden, die im Einklang mit Deinem höchsten Wohl stehen. Wandlung und Veränderung werden so zu positiven Kräften in Deinem Leben.

## 7. Versöhnung und Bestimmung:

In Momenten der Reflexion unterstützt Dich REIKI dabei, Dich mit Deiner Bestimmung und Deinen Zielen zu verbinden. Es hilft Dir, Klarheit über Deinen Lebensweg zu gewinnen und den Mut zu finden, Deinen eigenen Weg zu gehen.

## 8. Reinigung und Läuterung:

REIKI ist auch ein Prozess der Reinigung und Läuterung. Nutze die REIKI-Energie, um alte Energien zu reinigen und Dich von allem zu befreien, was Dich nicht mehr dient. Dieser Prozess der Reinigung öffnet neue Wege und Möglichkeiten.

## 9. Stille und Innenschau:

In Zeiten der Stille bietet REIKI einen Raum für tiefe Innenschau. Nutze diese Momente, um nach innen zu blicken und Dein wahres Selbst zu erkunden. In dieser Stille findest Du Weisheit und Einsicht.

## 10. Wertschätzung und Bescheidenheit:

REIKI lehrt auch die Kunst der Wertschätzung und Bescheidenheit. In einer Welt, die oft von Ego und Materialismus geprägt ist, hilft REIKI Dir, die Schönheit im Einfachen zu erkennen und echte Dankbarkeit für das Leben selbst zu empfinden.


In jeder dieser Phasen bietet REIKI nicht nur eine Quelle der Heilung, sondern auch eine Richtschnur für persönliches Wachstum und spirituelle Entwicklung. Es ist ein Weg, der Dich durch alle Höhen und Tiefen des Lebens begleitet und Dir hilft, jede Erfahrung als Teil Deiner einzigartigen Reise zu schätzen. Mit REIKI an Deiner Seite hast Du ein mächtiges Werkzeug, um jede Lebensphase mit Anmut, Stärke und Weisheit zu meistern.

# Reiki in der Sterbebegleitung

In letzten Stunden, sanft und still,
führt Reiki's Licht zum letzten Ziel.
Ein Raum voll Liebe, tief und klar,
wo Seele Frieden findet, wunderbar.

Wenn Du als erfahrener REIKI-Anwender Menschen in ihren
letzten Lebensphasen begleitest, betrittst Du einen Raum
tiefster Menschlichkeit und spiritueller Tiefe. Die
Sterbebegleitung mit REIKI ist eine Praxis, die weit über die
übliche Anwendung von Heilenergie hinausgeht. Sie ist ein Akt
der Güte, Fürsorge und einer tiefen menschlichen Verbindung.
In diesen Momenten wird REIKI zu einem Werkzeug, das nicht
nur körperliche Entspannung und emotionale Beruhigung bietet,
sondern auch einen Schutzraum der Liebe und des Friedens
schafft.

Als REIKI-Praktizierender in der Sterbebegleitung schaffst Du
eine energetische Abschirmung – eine Art Schutzkuppel – die
den Sterbenden umgibt. Diese Abschirmung dient dazu, eine
Atmosphäre der Ruhe und des Friedens zu schaffen, in der sich
die sterbende Person sicher und geborgen fühlen kann. In
dieser geschützten Umgebung ist es möglich, sich auf
Selbstannahme und Selbstachtung zu konzentrieren, wichtige
Schritte, um Frieden mit dem eigenen Leben und dem
bevorstehenden Tod zu schließen.

Die Praxis des Vergebens spielt in der Sterbebegleitung eine
zentrale Rolle. REIKI kann helfen, alte Konflikte und ungelöste
Gefühle loszulassen, was für den Sterbenden und seine
Angehörigen eine tiefgreifende Befreiung bedeuten kann. Es

ermöglicht eine Versöhnung mit der eigenen Lebensgeschichte und fördert ein Gefühl der Vollständigkeit und des Friedens.

Zuversicht und Entspannung sind weitere Aspekte, die REIKI in der Sterbebegleitung bietet. Die sanfte Energie von REIKI kann körperliche Beschwerden lindern und zu einer inneren Ruhe beitragen, die in dieser Lebensphase so wichtig ist. Sie hilft, Ängste und Unsicherheiten zu mindern und unterstützt den Prozess des Loslassens.

REIKI in der Sterbebegleitung ist auch ein Weg der inneren Harmonie. Es unterstützt die sterbende Person dabei, in Einklang mit sich selbst und ihrer Umgebung zu kommen. Diese Harmonie ist ein Geschenk, nicht nur für die sterbende Person, sondern auch für ihre Angehörigen, die dadurch Unterstützung und Trost erfahren.

Der Prozess des Wandels und der Transformation ist ein natürlicher Teil des Lebens und des Sterbens. REIKI hilft dabei, diesen Prozess als einen natürlichen und wichtigen Teil der menschlichen Erfahrung zu akzeptieren. Es erlaubt dem Sterbenden und seinen Angehörigen, den Übergang als eine Reise zu verstehen, die mit Würde und Frieden begangen werden kann.

Güte und Fürsorge sind das Herzstück der REIKI-Praxis in der Sterbebegleitung. Durch Deine Anwesenheit und die Übertragung von REIKI-Energie bietest Du eine Form der emotionalen und spirituellen Unterstützung, die in Worten kaum auszudrücken ist. Es ist eine Handlung der tiefen Menschlichkeit und des Mitgefühls.

In diesen Momenten der Stille und Innenschau kann REIKI auch eine Quelle der Reinigung und Läuterung sein. Es hilft, die Lasten und Sorgen des Lebens zu lösen und schafft einen

Raum, in dem Frieden und Akzeptanz gefunden werden können.

Als REIKI-Praktizierender in der Sterbebegleitung zeigst Du eine besondere Form der Wertschätzung und Bescheidenheit. Du erkennst an, dass das Leben ein kostbares Geschenk ist und dass jeder Mensch ein würdevolles Ende verdient. Deine REIKI-Praxis in dieser besonderen Lebensphase ist ein wahrer Akt der Liebe und ein Beweis für die transformative Kraft der universellen Lebensenergie.

Die Sterbebegleitung mit REIKI ist eine heilige und tiefgründige Erfahrung, die sowohl den Sterbenden als auch den Praktizierenden verändert. Sie erinnert uns daran, dass das Leben eine Reise ist, die mit Würde, Liebe und Respekt gelebt und beendet werden möchte.

# Energetische Ausgleiche in Krisenzeiten

*In stürm'schen Zeiten, wild und schwer,*
*hält Reiki's Kraft uns fest und fair.*
*Ein Anker tief im innern Sein,*
*bringt Ausgleich, Ruhe, Frieden ein.*

In Zeiten der Krise und des Umbruchs, wird unsere Fähigkeit, innerlich ausgeglichen und stabil zu bleiben, auf eine harte Probe gestellt. Gerade dann ist es umso wichtiger, Methoden wie REIKI zu nutzen, um energetische Ausgleiche zu schaffen, die uns nicht nur helfen, durch turbulente Phasen zu navigieren, sondern auch, um gestärkt und erneuert aus ihnen hervorzugehen.

Die Schaffung eines energetischen Schutzraumes ist der erste Schritt, um in Krisenzeiten Sicherheit und Stabilität zu gewährleisten. Visualisiere, wie Du eine Schutzkuppel um Dich herum erschaffst, die als Barriere gegen äußere Unruhen und energetische Turbulenzen dient. Diese Abschirmung ermöglicht es Dir, einen Raum der Ruhe und der Sicherheit zu bewahren, in dem Du Deine innere Arbeit verrichten kannst.

Selbstannahme und Selbstachtung sind in diesen Zeiten von unschätzbarem Wert. Nutze die REIKI-Energie, um alte Selbstzweifel und selbstkritische Gedankenmuster zu durchbrechen. Erlaube Dir, Dein wahres Selbst zu erkennen und zu schätzen. In der Selbstannahme findest Du die Kraft, Dich den Herausforderungen des Lebens zu stellen und sie mit Anmut und Stärke zu meistern.

Das Praktizieren von Vergebung ist ebenfalls entscheidend. Es hilft Dir, belastende Gefühle und ungelöste Konflikte loszulassen. REIKI kann ein mächtiges Werkzeug sein, um Dir selbst und anderen zu vergeben, wodurch Du energetische Blockaden löst und Freiheit und Frieden in Deinem Herzen findest.

Zuversicht und Entspannung sind essentiell, um den Stürmen des Lebens standzuhalten. Lass die REIKI-Energie durch Dich fließen und Dir helfen, Ängste und Spannungen abzubauen. In der Entspannung findest Du Klarheit und die Zuversicht, dass Du jede Herausforderung bewältigen kannst.

In Krisenzeiten ist das Streben nach innerer Harmonie und Ausgeglichenheit besonders wichtig. REIKI unterstützt Dich dabei, Deinen emotionalen und energetischen Zustand zu stabilisieren. Es hilft Dir, ein Gleichgewicht zwischen Gedanken und Gefühlen zu finden, sodass Du auch inmitten von Chaos und Veränderung einen Zustand der Ruhe bewahren kannst.

Konfliktlösung, Wandlung und Transformation sind Teil des Lebens. REIKI ermöglicht es Dir, diese Prozesse als Chancen für Wachstum und Entwicklung zu sehen. Es hilft Dir, Veränderungen zu akzeptieren und sie als natürlichen und notwendigen Teil Deiner Lebensreise zu betrachten.

Die Praxis der Güte und Fürsorge, sowohl für Dich selbst als auch für andere, ist in Krisenzeiten von größter Bedeutung. REIKI lehrt Dich, mit Dir selbst und mit anderen liebevoll und mitfühlend umzugehen. In der Fürsorge für andere findest Du oft auch Heilung für Dich selbst.

Loslassen und Versöhnung sind ebenfalls wichtige Aspekte der REIKI-Praxis. Sie ermöglichen es Dir, Dich von dem zu lösen, was nicht mehr zu Deinem höchsten Wohl dient, und Harmonie in Deinem Leben wiederherzustellen.

In Deiner REIKI-Praxis kannst Du auch Momente der Stille und Innenschau finden. Diese stillen Momente sind Gelegenheiten, tief in Dich selbst einzutauchen, Deine wahren Wünsche und Ziele zu erkennen und Klarheit über Deinen Weg zu gewinnen.

Abschließend ist die Wertschätzung ein zentrales Element in der REIKI-Praxis, insbesondere in schwierigen Zeiten. Sie erinnert Dich daran, die kleinen Dinge zu schätzen und Dankbarkeit für die Lektionen zu empfinden, die das Leben Dir bietet.

Krisenzeiten mögen herausfordernd sein, aber mit REIKI an Deiner Seite hast Du ein mächtiges Werkzeug, um nicht nur zu überleben, sondern auch zu gedeihen. Diese Praxis bietet Dir einen Weg, um energetische Ausgleiche zu schaffen, die Dir helfen

# Spirituelles Wachstum mit REIKI

## Persönliche Entwicklung durch REIKI

*Mit Reiki's Kraft den Weg erhellt,*
*entdeckst du, was im Innern zählt.*
*Das Leben tief im Sein erfasst,*
*verbindet Dich mit Mensch und Rast.*

Es ist ein Weg der persönlichen Entwicklung, ein Pfad, der Dich nicht nur in die Tiefen Deines eigenen Seins führt, sondern auch Dein Verständnis für das Leben und Deine Beziehungen zu anderen Menschen erweitert. REIKI ist ein Werkzeug, das Dich lehrt, in Liebe, Dankbarkeit und Achtsamkeit zu leben und ein tiefes Gefühl von Ehrlichkeit und Selbstreflexion zu kultivieren.

Die Praxis des REIKI öffnet Dir die Türen zu einer Welt der Liebe – Liebe zu Dir selbst, zu anderen und zum Leben selbst. Es lehrt Dich, Dankbarkeit für die kleinen Dinge des Alltags zu empfinden und die Schönheit in den einfachen Momenten zu sehen. Durch REIKI lernst Du, das Leben in all seinen Facetten zu schätzen und die Gegenwart jeden Momentes zu genießen.

Achtsamkeit ist ein weiterer wichtiger Aspekt, den REIKI fördert. Es hilft Dir, im Hier und Jetzt zu leben und Dein Bewusstsein für Deine Umgebung und Deine inneren Prozesse zu schärfen. Diese Achtsamkeit ermöglicht es Dir, Deine Gedanken und Emotionen besser zu verstehen und bewusster zu handeln.

Ehrlichkeit und Selbstreflexion sind ebenfalls zentrale Bestandteile der persönlichen Entwicklung durch REIKI. Die Praxis regt Dich dazu an, Dich selbst und Deine Handlungen kritisch zu betrachten, um ein tieferes Verständnis für Deine Motive und Wünsche zu entwickeln. Diese Selbstreflexion ist der Schlüssel zur persönlichen Transformation und Wachstum.

REIKI bietet auch ein Gleichgewicht zwischen Heilung und Metamorphose. Es ist ein Prozess der Wandlung, in dem Du lernst, Altes loszulassen und Dich für Neues zu öffnen. Diese Transformation ist nicht immer einfach, aber REIKI bietet Dir die nötige Unterstützung und Führung, um diesen Weg zu gehen.

Auf Deinem Lebensweg ist REIKI ein ständiger Begleiter, der Dich lehrt, Güte und Fürsorge sowohl für Dich selbst als auch für andere zu üben. Es hilft Dir, einen Fokus auf das zu legen, was wirklich wichtig ist, und Klarheit in Deinen Entscheidungen und Handlungen zu finden.

Die Präsenz und Bewusstheit, die REIKI fördert, sind entscheidend für ein erfülltes Leben. Sie helfen Dir, voll und ganz im Moment zu leben und jede Erfahrung als Teil Deiner Seelenreise zu sehen. REIKI lehrt Dich, Toleranz und Respekt gegenüber den Unterschieden zu zeigen und die Einzigartigkeit jedes Individuums zu schätzen.

Loslassen ist ein weiteres wichtiges Thema in der REIKI-Praxis. Es ist die Fähigkeit, sich von Dingen zu trennen, die nicht mehr zu Deinem Wohl dienen, und Raum für Neues zu schaffen. REIKI unterstützt Dich dabei, diesen Prozess des Loslassens zu meistern und Frieden mit der Vergangenheit zu schließen.

Schutz und Sicherheit sind ebenfalls Aspekte, die REIKI bietet. Durch die energetische Arbeit schaffst Du einen sicheren Raum für Dich selbst, in dem Du Dich geborgen und unterstützt fühlst. Dieser Schutzraum ist entscheidend, um in schwierigen Zeiten standhaft zu bleiben und Deinen inneren Frieden zu bewahren.

Befähigung und Erkenntnis sind das ultimative Geschenk von REIKI. Es befähigt Dich, Dein eigenes Leben aktiv zu gestalten und Deine Träume zu verwirklichen. Durch REIKI gewinnst Du tiefe Erkenntnisse über Dich selbst und Deinen Platz in der Welt.

REIKI ist somit nicht nur eine Praxis der Heilung, sondern auch eine Reise der Selbstentdeckung und des Empowerments. Es ist ein Weg, der Dich lehrt, Deine eigene Stärke zu erkennen und zu nutzen, um ein Leben in Harmonie, Frieden und Erfüllung zu führen. In Deiner REIKI-Praxis findest Du die Werkzeuge, um zu wachsen, Dich zu entwickeln und Deine wahre Bestimmung zu entdecken.

## Universelle Lebensenergie und ihr Einfluss

*Die Lebensenergie, stark und rein,*
*durchdringt das All und unser Sein.*
*Ihr Einfluss, sanft und tief zugleich,*
*macht unser Dasein hell und reich.*

Als erfahrener REIKI-Anwender bist Du Dir der tiefgreifenden Wirkung der universellen Lebensenergie auf Dein Leben und Deine Umgebung bewusst. Diese Energie, oft auch als Prana oder kosmische Energie bezeichnet, durchdringt alles und ist die Grundlage für Leben und Harmonie im Universum. Ihr Einfluss auf Dein persönliches Leben, Deine Beziehungen und die Art und Weise, wie Du Deine Umgebung wahrnimmst und beeinflusst, ist enorm und transformierend.

Die universelle Lebensenergie fördert Ehrlichkeit und Aufrichtigkeit in Deinem Leben. Wenn Du Dich mit dieser Energie verbindest, wirst Du ermutigt, Deinem wahren Selbst treu zu bleiben und Deine Wahrheit mit Integrität zu leben. Diese Ehrlichkeit ist nicht nur Dir selbst gegenüber wichtig, sondern auch in Deinen Beziehungen zu anderen, da sie ein Fundament des Vertrauens und der Authentizität bildet.

Verbundenheit und Einheit sind weitere zentrale Aspekte, die durch die universelle Lebensenergie gefördert werden. Du erkennst, dass alles im Universum miteinander verbunden ist und dass jede Handlung, jeder Gedanke und jede Emotion Teil eines größeren Ganzen ist. Diese Erkenntnis bringt ein tiefes Gefühl der Gemeinschaft und des Eingebundenseins in die Welt.

Die universelle Lebensenergie ist auch die Quelle von Prana, der Lebenskraft, die durch alle Lebewesen fließt. Durch die Arbeit mit REIKI lernst Du, diesen Lebensfluss zu verstärken und zu regulieren. Du wirst sensibel für das Gleichgewicht zwischen Anspannung und Entspannung in Deinem Körper und Geist und findest Wege, um dieses Gleichgewicht zu erhalten oder wiederherzustellen.

Achtung und Respekt gegenüber dem Leben und der Bestimmung jedes Einzelnen sind ebenfalls wichtige Lektionen, die aus der Arbeit mit der universellen Lebensenergie resultieren. Du lernst, jedes Wesen und jede Erfahrung zu schätzen, erkennst die Bedeutung jedes Schicksalsweges und unterstützt andere dabei, ihre eigenen Ziele zu verfolgen und ihre Träume zu verwirklichen.

Empowerment ist ein zentrales Element der universellen Lebensenergie. Sie befähigt Dich, Deine eigene Kraft zu erkennen und zu nutzen. Du wirst ermutigt, Dein volles Potenzial auszuschöpfen und den Mut zu finden, Deine Ziele zu verfolgen und Deine Bestimmung zu leben.

Die universelle Lebensenergie lehrt auch Güte und Fürsorge. Sie erinnert Dich daran, mit Dir selbst und anderen liebevoll und mitfühlend umzugehen. In der Fürsorge für andere findest Du oft auch Heilung für Dich selbst. Verzeihung, ein weiteres Schlüsselelement, ist unerlässlich, um Frieden mit der Vergangenheit zu schließen und harmonische Beziehungen zu pflegen.

Die Fokussierung und Bewusstheit, die durch die Arbeit mit der universellen Lebensenergie entstehen, sind entscheidend für Dein geistiges und spirituelles Erwachen. Du wirst Dir der feineren Aspekte Deines Seins bewusst und lernst, im Hier und Jetzt präsent zu sein.

In größeren Kontexten kann die universelle Lebensenergie zu Konfliktlösungen und sogar zum Weltfrieden beitragen. Indem Du lernst, Konflikte in Deinem eigenen Leben zu lösen und Harmonie zu schaffen, trägst Du auf einer größeren Ebene zum Frieden bei.

Die Heilbilder, die Du durch Deine REIKI-Praxis entwickelst, sind nicht nur für Dich selbst, sondern auch für die Menschen in Deiner Umgebung und die Welt als Ganzes von Bedeutung. Diese Bilder tragen dazu bei, eine Welt zu erschaffen, die von Liebe, Frieden und Harmonie geprägt ist.

Zusammenfassend ist die Arbeit mit der universellen Lebensenergie durch REIKI eine transformative Erfahrung, die weit über die persönliche Heilung hinausgeht. Sie beeinflusst Dein Leben, Deine Beziehungen und Deine Umgebung auf tiefgreifende Weise und trägt dazu bei, eine Welt zu schaffen, in der Liebe, Frieden und Harmonie vorherrschen. Als REIKI-Anwender spielst Du eine entscheidende Rolle in diesem Prozess des Wandels und der Transformation, sowohl für Dich selbst als auch für das größere Ganze.

# REIKI-Prinzipien im 2. Grad

*Mit Reiki's Licht, das sanft uns führt,*
*wird unser Geist empor berührt.*
*In Transformation, wach und klar,*
*entwickeln wir uns Jahr für Jahr.*

## Ethik und Prinzipien in der erweiterten Praxis

In Deinem Weg als erfahrener REIKI-Anwender hast Du bereits
viel über die Kunst der Energieheilung und die damit
verbundenen Praktiken gelernt. Doch mit der Vertiefung Deiner
Praxis gewinnen auch Ethik und Prinzipien an Bedeutung.
Diese Richtlinien sind nicht nur für eine verantwortungsvolle
Ausübung von REIKI entscheidend, sondern auch für Deine
persönliche Entwicklung und Dein Wachstum als Heiler.

## Achtsamkeit in jeder Handlung

Achtsamkeit ist das Herzstück einer ethischen REIKI-Praxis.
Sie bedeutet, dass Du bei jeder Behandlung voll und ganz
anwesend bist, sowohl körperlich als auch geistig. Durch
achtsame Präsenz bist Du in der Lage, die subtilen Energien,
die durch Dich und den Empfänger fließen, wahrzunehmen und
entsprechend zu reagieren. Diese bewusste Anwesenheit
fördert nicht nur die Effektivität Deiner Heilungsarbeit, sondern
stärkt auch Deine Verbindung zum Universum und zu Deinem
inneren Selbst.

## Resilienz und Energiebalance

Resilienz in Deiner REIKI-Praxis bedeutet, dass Du in der Lage bist, mit den emotionalen und energetischen Höhen und Tiefen, die eine intensive Heilarbeit mit sich bringen kann, umzugehen. Die Fähigkeit, Deine eigene Energiebalance zu wahren und zu pflegen, ist entscheidend, um Burnout zu vermeiden und langfristig als Heiler wirksam zu bleiben. Dies erfordert regelmäßige Selbstpflege und die Anwendung von REIKI-Techniken, um Dein eigenes Energiefeld zu reinigen und zu stärken.

## Intuition und Mitgefühl

Deine Intuition ist ein mächtiges Werkzeug in der REIKI-Praxis. Mit zunehmender Erfahrung lernst Du, Deinen inneren Stimmen zu vertrauen und Deine intuitive Wahrnehmung zu schärfen. Gepaart mit einem tiefen Mitgefühl für Deine Klienten ermöglicht Dir Deine Intuition, die Heilung auf eine Weise durchzuführen, die sowohl respektvoll als auch effektiv ist.

## Akzeptanz und Vertrauen

In Deiner Reise als erfahrener REIKI-Praktizierender hast Du gelernt, dass Akzeptanz und Vertrauen nicht nur wertvolle Lebenslektionen sind, sondern auch grundlegende Prinzipien in der erweiterten REIKI-Praxis darstellen. Diese beiden Elemente sind essentiell, um eine tiefe, heilende Verbindung mit Deinen Klienten aufzubauen und effektiv zu arbeiten.

## Die Kraft der Akzeptanz

Akzeptanz bedeutet, anzuerkennen, dass jeder Mensch einzigartig ist und seinen eigenen Heilungsweg hat. Es geht darum, Deine Klienten dort abzuholen, wo sie stehen, ohne sie in eine bestimmte Richtung drängen zu wollen. Diese Haltung ermöglicht es Dir, ohne Vorurteile oder festgefahrene Erwartungen zu heilen. In der REIKI-Praxis bedeutet Akzeptanz, die individuellen Bedürfnisse, Erfahrungen und die spirituelle Reise jedes Einzelnen zu würdigen und zu respektieren.

## Vertrauen in die Energie / in REIKI

Vertrauen ist ebenso wesentlich. Es bedeutet, darauf zu vertrauen, dass die REIKI-Energie dorthin fließt, wo sie am meisten benötigt wird. Dieses Vertrauen erfordert, dass Du Dich von der Notwendigkeit löst, den Heilungsprozess zu kontrollieren, und stattdessen darauf vertraust, dass die Energie ihre Arbeit tun wird. Diese Haltung des Vertrauens ist befreiend, denn sie erlaubt Dir, Dich ganz auf den Moment und die Bedürfnisse Deines Klienten zu konzentrieren.

## Im Jetzt Sein: Achtsamkeit und Präsenz

Achtsamkeit und Präsenz sind zentrale Aspekte der Akzeptanz und des Vertrauens. Sie bedeuten, im Jetzt zu sein, vollständig anwesend mit allem, was ist. Durch achtsame Präsenz in Deiner REIKI-Sitzung kannst Du eine tiefe, spirituelle

Verbindung zu Deinem Klienten herstellen. Du wirst sensibler für die feinen Energien und kannst besser wahrnehmen, was Dein Klient in diesem Moment benötigt.

## Sich Einlassen und Loslassen

Um Deine Fähigkeit, Akzeptanz und Vertrauen zu praktizieren, zu vertiefen, ist es wichtig, sich auf den Prozess einzulassen und gleichzeitig loszulassen. Sich einlassen bedeutet, offen für die Erfahrungen Deines Klienten zu sein, während Loslassen bedeutet, keine festen Erwartungen an das Ergebnis der Sitzung zu haben. Diese Balance zu finden, ist eine der größten Herausforderungen, aber auch eine der lohnendsten Aspekte in Deiner REIKI-Praxis.

## Ruhe und Empathie:
## Schlüssel zum Verständnis

Ruhe und Empathie sind wesentlich, um Akzeptanz und Vertrauen in der Praxis zu kultivieren. Ruhe ermöglicht Dir, auch in herausfordernden Momenten einen klaren Kopf zu bewahren. Empathie erlaubt Dir, Dich in Deine Klienten hineinzuversetzen und ihre Perspektive zu verstehen. Diese Fähigkeit, empathisch zu sein, hilft Dir, eine tiefere Verbindung aufzubauen und die Heilung auf einer emotionalen Ebene zu unterstützen.

Akzeptanz und Vertrauen in der erweiterten REIKI-Praxis sind nicht nur Techniken, sondern Lebensweisen. Sie erfordern Übung, Geduld und Hingabe. Doch die Belohnung dieser Praxis ist immens: Sie ermöglicht Dir, tiefe und bedeutungsvolle Veränderungen sowohl in Deinem eigenen Leben als auch im Leben Deiner Klienten zu bewirken. Durch diese Grundprinzipien kannst Du

## Erdung und Energieausgleich

In Deinem Weg als erfahrener REIKI-Anwender weißt Du, wie intensiv und tiefgreifend Heilsitzungen sein können. Sie sind Zeiten der Transformation, sowohl für Deine Klienten als auch für Dich. Nach solchen Sitzungen ist es von entscheidender Bedeutung, Techniken der Erdung und des Energieausgleichs anzuwenden, um wieder ins Gleichgewicht zu kommen. Diese Praktiken helfen Dir, Deine innere Mitte zu finden und Deine Energie zu stabilisieren, damit Du weiterhin effektiv und mit voller Kraft heilen kannst.

## Die Bedeutung der Erdung

Erdung bedeutet, eine tiefe Verbindung mit der Erde und dem gegenwärtigen Moment herzustellen. Sie hilft Dir, aus dem Bereich hoher energetischer Frequenzen, die während der Heilbehandlungen auftreten, zurück in den Zustand normaler, alltäglicher Wahrnehmung zu kommen. Erdungstechniken sind besonders nach intensiven energetischen Arbeiten wie REIKI unerlässlich, um ein Gefühl des Überwältigtseins zu vermeiden und Deine eigenen Energiezentren zu stabilisieren.

## Praktiken zur Erdung

Es gibt verschiedene Methoden, die Du zur Erdung anwenden kannst. Meditation ist eine der effektivsten Techniken. Sie ermöglicht es Dir, Deine Gedanken zu beruhigen und tief in das Bewusstsein des gegenwärtigen Moments einzutauchen. Spaziergänge in der Natur sind ebenfalls eine wunderbare Möglichkeit, Dich zu erden. Die frische Luft, das Grün der Pflanzen und der feste Boden unter Deinen Füßen helfen Dir, Dich wieder mit der Erde zu verbinden und Deine Energien zu erneuern. Einfache Atemübungen können auch sehr wirksam sein. Durch bewusstes Atmen kannst Du Deine Aufmerksamkeit auf Deinen Körper lenken und Dich zentrieren.

## Wertschätzung und Dankbarkeit

Bitte, wertschätze jede Erfahrung und jeden Menschen, den Du auf Deinem REIKI-Weg triffst. Jede Begegnung und jede Sitzung trägt zu Deiner eigenen Entwicklung bei. Versuche Dankbarkeit für diese Erfahrungen zu praktizieren, denn sie lehren Dich nicht nur über REIKI, sondern auch über das Leben selbst. Dankbarkeit ist eine kraftvolle Energie, die Dir hilft, Dein Herz zu öffnen und Dich mit den positiven Aspekten Deines Lebens zu verbinden.

## Hingabe und energetische Reinigung

Die Hingabe an Deine REIKI-Praxis und die regelmäßige energetische Reinigung Deiner selbst sind ebenfalls wichtige Aspekte. Sie helfen Dir, energetische Rückstände loszulassen und Dein System von allem zu befreien, was nicht mehr zu Deinem Wohl dient. Energetische Reinigung kann durch verschiedene Praktiken erfolgen, wie z.b. das Visualisieren von reinigendem Licht oder das Benutzen von Räucherstäbchen.

## Heilende Berührung und Stressabbau

Die heilende Berührung, die Du als REIKI-Praktizierender anwendest, ist nicht nur für Deine Klienten, sondern auch für Dich selbst von Nutzen. Nutze diese Techniken, um Deinen eigenen Stress abzubauen und Deine Widerstandsfähigkeit zu stärken. In Momenten der Stille und Reflexion kannst Du die heilende Energie in Dir selbst wirken lassen und dadurch Dein inneres Gleichgewicht wiederherstellen.

## Anpassungsfähigkeit und inneres Gleichgewicht

Ein wichtiger Aspekt in Deiner erweiterten REIKI-Praxis ist die Anpassungsfähigkeit. Das Leben ist ständig im Wandel, und durch REIKI lernst Du, mit diesen Veränderungen zu leben und Dein inneres Gleichgewicht zu bewahren. Die Fähigkeit, sich anzupassen und flexibel zu bleiben, hilft Dir, auch in Zeiten des Wandels zentriert und geerdet zu bleiben.

Durch die Integration dieser Praktiken in Dein tägliches Leben und Deiner REIKI-Praxis, entwickelst Du eine tiefe Verbindung zu Dir selbst und zu der Welt um Dich herum. Du lernst, Deine Energie zu managen und zu erhalten, was Dir erlaubt, sowohl als Individuum und auch als Heiler zu wachsen. Erdung und Energieausgleich sind nicht nur Techniken, sondern Lebensweisen, die Dich auf Deinem spirituellen Pfad unterstützen und Dir helfen, ein erfülltes und ausgeglichenes Leben zu führen.

## Klarheit und Zentrierung

In Deiner erweiterten Praxis ist Klarheit sowohl in Deinen Absichten als auch in Deiner Kommunikation wesentlich. Eine klare, zentrierte Haltung hilft Dir, effektiver zu heilen und Deine Klienten in ihrem Heilungsprozess zu unterstützen. Es ermöglicht Dir auch, Deine eigenen Grenzen zu erkennen und zu respektieren, was für eine ethische Praxis unabdingbar ist.

## Transformation und innerer Frieden

Die Arbeit mit REIKI ist ein ständiger Prozess der Transformation – sowohl für Deine Klienten als auch für Dich selbst. Sie bietet Dir die Möglichkeit, tiefgehende Veränderungen in Deinem Leben und Deinem Bewusstsein zu erleben. In dieser Transformation findest Du einen inneren Frieden, der weit über die Grenzen der Heilpraxis hinausgeht.

## Hingabe und heilendes Bewusstsein

Hingabe an Deine Praxis und die Entwicklung eines heilenden Bewusstseins sind wesentliche Aspekte der erweiterten REIKI-Praxis. Sie bedeuten, dass Du Dich voll und ganz der Heilung anderer widmest und dabei ein Bewusstsein kultivierst, das auf Heilung und Wohlergehen ausgerichtet ist.

## Unterbewusstseinsarbeit und Konfliktlösung

Als erfahrener REIKI-Praktizierender wirst Du zunehmend in der Lage sein, auf tieferen, unterbewussten Ebenen zu arbeiten. Diese Fähigkeit kann Dir helfen, verborgene Konflikte und Blockaden bei Deinen Klienten zu lösen. Gleichzeitig bietet sie Dir die Möglichkeit, an Deinen eigenen unterbewussten Mustern zu arbeiten und so Deine eigene Heilung und Entwicklung voranzutreiben.

## Einheit

Schließlich ist die erweiterte REIKI-Praxis ein Weg, der nicht nur zum persönlichen Frieden und zur Heilung führt, sondern auch zum äußeren Frieden beitragen kann. Durch Deine Arbeit und Dein Beispiel fördern Du und alle anderen REIKI-Praktizierenden ein Bewusstsein der Einheit und des Mitgefühls, das weit über die Grenzen Deiner Praxis hinausgeht.

Die ethischen Prinzipien und die tiefe Praxis von REIKI bieten Dir einen umfassenden Rahmen für Deine Rolle als Heiler,

Helfer zur Gesundung und Gesundheit. Sie leiten Dich nicht nur in Deiner Arbeit mit Klienten, sondern auch in Deinem persönlichen Wachstum und Deinem spirituellen Weg. Mit jedem Schritt auf diesem Pfad wächst Du nicht nur als REIKI-Praktizierender, sondern als Mensch an sich, der tief mit sich selbst, mit anderen und mit dem Universum verbunden ist.

## Energieaustausch und seine Bedeutung

*Im Austausch fließt die Kraft, die heilt,*
*von Herz zu Herz, sanft und verweilt.*
*Das Zentrum jeder Reiki-Stund',*
*ist Energie, die uns gesund.*

Als erfahrener REIKI-Anwender weißt Du, dass Energieaustausch das Herzstück der REIKI-Praxis ist. Es geht nicht nur um die Übertragung von Heilenergie, sondern auch um ein tiefes Verständnis davon, wie Energie zwischen Menschen und ihrer Umgebung fließt. Diese Erkenntnis ist entscheidend für Deine Fähigkeit, effektiv zu heilen und gleichzeitig Dein eigenes Wohlbefinden zu bewahren.

## Die Grundlagen des Energieaustauschs

Im Kern ist Energieaustausch ein Prozess des Gebens und Fließenlassens. Wenn Du REIKI praktizierst, fungierst Du als Kanal für die universelle Lebensenergie, die durch Dich zu deinem Klienten fließt. Dieser Prozess ist nicht einseitig; während Du Energie überträgst, empfängst Du auch selbst

Energie. Durch Dein „Portal" – das Kronen-Chakra – strömt aus dem Universum mehr Energie zu Dir, als Du weitergeben kannst. Es bleibt immer etwas für Dich übrig, und das ist das Wundervolle an REIKI. Diese Dynamik ist entscheidend für eine ausgewogene und gesunde REIKI-Praxis.

## Bedeutung des Energieflusses

Der Energiefluss in der REIKI-Praxis hat mehrere wichtige Aspekte. Zunächst ermöglicht er die Heilung. Durch den Strom der Energie können Blockaden im Energiekörper des Klienten gelöst und das natürliche Gleichgewicht wiederhergestellt werden. Auf einer tieferen Ebene fördert der Energieaustausch jedoch auch eine Verbindung zwischen Dir und Deinem Klienten. Diese Verbindung ist geprägt von Empathie, Verständnis und einer gemeinsamen Reise zur Heilung.

## Energiefluss und persönliche Grenzen

Ein weiterer wichtiger Aspekt des Energieaustauschs ist das Respektieren persönlicher Grenzen. Sowohl Du als auch Dein Klient habt Grenzen, die respektiert werden müssen. Dies beinhaltet, dass Du Deine eigenen Energiegrenzen erkennst und achtest, sowie die energetischen und emotionalen Grenzen Deines Klienten respektierst.

## Die Rolle der Dankbarkeit im Energieaustausch

Dankbarkeit ist eine mächtige Kraft im Energieaustausch. Indem Du Dankbarkeit für die Möglichkeit, zu heilen und geheilt zu werden, empfindest, stärkst Du die positive Energie, die Du aussendest und empfängst. Dankbarkeit hilft auch, Deine eigene Energie zu erhöhen und Dein Herz für die Heilung zu öffnen.

## Energieaustausch als Weg zur Selbsterkenntnis

Schließlich ist der Energieaustausch in der REIKI-Praxis auch ein Weg zur Selbsterkenntnis und persönlichen Entwicklung. Durch die Interaktion mit Deinen Klienten und das Erleben des Energieflusses lernst Du viel über Dich selbst – Deine Stärken, Schwächen und Deine einzigartige Fähigkeit zu heilen. Diese Erkenntnisse sind wertvoll für Dein persönliches Wachstum und Deine Entwicklung als REIKI-Anwender.

Energieaustausch in der REIKI-Praxis ist ein komplexes und tiefgründiges Thema. Es geht um weit mehr als nur die Vermittlung der Heilenergie; es geht um Verbindung, Gleichgewicht, Respekt und persönliches Wachstum. Indem Du diese Prinzipien in Deiner Praxis anwendest, wirst Du nicht nur ein effektiverer Heiler, sondern auch ein bewussterer und integrierter Mensch.

# Das Gleichgewicht von Geben und Empfangen

*Im Kreislauf von Geben und Empfangen,*
*liegt Reiki's Weisheit tief gefangen.*
*Ausgleich bringt uns Heil und Licht,*
*die Balance, die das Leben spricht.*

n deiner Rolle als erfahrener REIKI-Anwender kennst Du die immense Kraft und Tiefe, die in der Praxis der Energieheilung liegt. Eine der wesentlichen Grundlagen für eine nachhaltige und effektive REIKI-Praxis ist das Gleichgewicht zwischen Geben und Empfangen. Dieses Gleichgewicht zu wahren ist entscheidend für deine eigene Gesundheit und Wirksamkeit als Heiler.

Zu diesem komplexen Thema gehört auch deine Entlohnung. Vergiss nicht, dass bereits Sensei Usui darüber nachdachte. Eine angemessene Entlohnung für deine Zeit und Hingabe ist ethisch wichtig und sollte eingefordert werden dürfen.

## Die Bedeutung des energetischen Gleichgewichts

Das Gleichgewicht im Energieaustausch ist ein zentrales Prinzip in der REIKI-Praxis. Es geht darum, ein harmonisches Verhältnis zwischen der Energie, die Du in die Heilung investierst, und der Entlohnung, die Du empfängst, zu finden. Wenn dieses Gleichgewicht gestört ist, kann es dazu führen, dass Du Dich entweder übermäßig verausgabst oder nicht genug Energie in die Heilsitzungen einbringen kannst. Beide Zustände sind nicht ideal und können sowohl Dein Wohlbefinden als auch die Effektivität Deiner Heilbehandlungen beeinträchtigen.

## Die Gefahren der energetischen Überbeanspruchung

Eine der Herausforderungen in der REIKI-Praxis ist es, Dich nicht übermäßig zu verausgaben. Wenn Du zu viel oder besser zu oft Energie gibst, ohne ausreichend auf Dein eigenes Wohl zu achten, kann dies zu Erschöpfung und Burnout führen. Diese Erschöpfung wirkt sich nicht nur auf Dein persönliches Leben aus, sondern kann auch die Qualität Deiner REIKI-Sitzungen beeinträchtigen. Es ist daher wichtig, ein Bewusstsein dafür zu entwickeln, wie viel Energie Du in jeder Sitzung einsetzt und sicherzustellen, dass Du genügend Zeit zur Regeneration einplanst. Denn nicht immer kann man sich nicht erwehren und fühlt: Mitleid. Da geht einem das Geschehen ans Herz.

Um ein gesundes Gleichgewicht zu bewahren, ist es wichtig, regelmäßig Techniken zur Erdung und zur Reinigung Deines eigenen Energiekörpers zu praktizieren. Erdung hilft Dir, nach intensiven Heilsitzungen wieder in Einklang mit Deinem physischen Körper zu kommen. Techniken wie Spaziergänge in der Natur – idealer weise im Wald oder am Meer, an einem See, Meditation oder das bewusste Atmen sind effektive Methoden, um Dich zu erden.

Energetische Reinigung ist ebenso wichtig. Sie hilft Dir, alle energetischen Rückstände, die sich während der Heilsitzungen angesammelt haben, loszulassen. Dies kann durch

Visualisierungen, bei denen Du Dir vorstellst, wie reines Licht Deinen Körper durchfließt und reinigt, oder durch den Einsatz von Räucherstäbchen oder Heilsteinen erreicht werden.

## Integration in Dein tägliches Leben

Das Gleichgewicht von Geben und Empfangen in Deine tägliche Praxis zu integrieren, ist ein kontinuierlicher Prozess. Es erfordert Engagement, Geduld und die Bereitschaft, auf Deine innere Führung zu hören. Indem Du diese Prinzipien in Dein Leben integrierst, wirst Du nicht nur ein effektiverer REIKI-Anwender, sondern entwickelst auch eine tiefere Verbindung zu Dir selbst und zu den Menschen, denen Du hilfst.

Insgesamt ist das Gleichgewicht von Geben und Empfangen in der REIKI-Praxis ein entscheidender Faktor für Dein persönliches Wohlbefinden und die Wirksamkeit Deiner Heilarbeit. Indem Du dieses Gleichgewicht achtest und pflegst, ermöglichst Du Dir selbst, als Heiler zu wachsen und zu gedeihen, und stärkst gleichzeitig Deine Fähigkeit, anderen zu helfen und Heilung zu bringen.

## Intention und Bewusstsein

Deine Intention und Dein Bewusstsein spielen eine Rolle im Energieaustausch. Wenn Du mit der klaren Absicht heilst, zum höchsten Wohl Deines Klienten zu arbeiten, und dabei voll bewusst und präsent bist, wird der Energiefluss effektiver und tiefgreifender. Diese bewusste Haltung hilft, die Energie in eine heilsame und harmonisierende Richtung zu lenken.

# Energieaustausch in der REIKI-Gemeinschaft

*In Reiki's Kreis, so stark und weit,*
*verbindet sich die Seelenzeit.*
*Gemeinschaft tauscht die Kraft, die heilt,*
*wo Liebe fließt und Licht verweilt.*

In Deinem fortgeschrittenen Weg als REIKI-Anwender bist Du zweifellos auf die tiefe und bereichernde Erfahrung des Energieaustauschs innerhalb der REIKI-Gemeinschaft gestoßen. Diese Gemeinschaft, ein Netzwerk aus Gleichgesinnten, die sich der Praxis und den Prinzipien von REIKI verschrieben haben, bietet eine einzigartige Plattform für Energieverstärkung, gegenseitiges Vertrauen und spirituelles Wachstum.

## Die Kraft der Gemeinschaft

In der REIKI-Gemeinschaft findest Du nicht nur Unterstützung und Anerkennung, sondern auch eine starke Quelle der Energieverstärkung. Wenn sich REIKI-Praktizierende zusammenschließen, sei es in Gruppenheilungen, Workshops oder bei Treffen, wird die Energie potenziert. Dieses kollektive Feld der Energie verstärkt nicht nur die Heilwirkung für den Einzelnen, sondern unterstützt auch jeden in der Gruppe, sich in seiner persönlichen Praxis weiterzuentwickeln.

## Vertrauen und Sicherheit in der Gemeinschaft

Innerhalb der REIKI-Gemeinschaft entsteht ein tiefes Gefühl von Vertrauen und Sicherheit. Das Teilen gemeinsamer Werte und Erfahrungen schafft eine Verbindung, die weit über die üblichen sozialen Beziehungen hinausgeht. In dieser Umgebung kannst Du Dich öffnen, Deine Erfahrungen teilen und von den Erfahrungen anderer lernen. Dieser Austausch fördert nicht nur Dein eigenes spirituelles Wachstum, sondern stärkt auch das kollektive Bewusstsein der Gruppe.

## Dem Ort helfen, an dem man ist

Als REIKI-Anwender erkennst Du, dass das Helfen nicht nur auf globaler Ebene stattfindet. Die REIKI-Gemeinschaft lehrt auch die Bedeutung des Dienens am eigenen Ort. Ob es darum geht, lokale Heilungskreise zu bilden, mit lokalen Wohltätigkeitsorganisationen zusammenzuarbeiten oder einfach nur die eigene Nachbarschaft mit positiver Energie zu versorgen, jeder Beitrag zählt. Diese lokalen Aktionen schaffen eine positive Energieströmung, die sich über die unmittelbare Umgebung hinaus ausbreiten kann.

## Energie der Welt schenken

In der REIKI-Gemeinschaft wird die Vorstellung, dass man der Welt Energie schenken kann, wahr. Jeder Heiler trägt durch seine Gedanken, Absichten und Heilaktionen zur

Harmonisierung der Welt-Energie bei. Dieses Konzept verbindet REIKI-Anwender über geografische und kulturelle Grenzen hinweg und schafft ein globales Netzwerk des Heilens.

## Ein Ort für spirituelles Wachstum

Schließlich ist die REIKI-Gemeinschaft ein Ort für kontinuierliches spirituelles Wachstum. Durch regelmäßige Treffen, Austausch von Techniken und gemeinsame Meditationen werden neue Perspektiven und tieferes Verständnis gefördert. In dieser Umgebung kannst Du Deine Fähigkeiten als Heiler verfeinern, Deine spirituellen Erkenntnisse vertiefen und gleichzeitig anderen auf ihrem Weg helfen.

Insgesamt ist die REIKI-Gemeinschaft weit mehr als nur eine Gruppe von Menschen mit ähnlichen Interessen. Sie ist eine dynamische Kraft des Guten, eine Quelle der Energieverstärkung, des Vertrauens und des gemeinschaftlichen Wachstums. Als Teil dieser Gemeinschaft bist Du nicht nur Empfänger, sondern auch aktiver Mitgestalter einer Welt, in der Heilung, Liebe und Harmonie vorherrschen. In der REIKI-Gemeinschaft zu wirken bedeutet, Teil eines größeren Ganzen zu sein, das nicht nur das eigene Leben, sondern auch das Leben vieler anderer bereichert und verwandelt.

# 10 Tipps, um Krisen als Chance zu nutzen

## Gelassen bleiben

In der Hektik des Alltags ist es oft schwer, die eigene Gelassenheit zu bewahren. Reiki bietet eine effektive Methode, um diese innere Ruhe zu erhalten oder wiederzufinden. Durch gezielte Energiearbeit unterstützt Reiki dabei, Stress abzubauen und innere Blockaden zu lösen. Dies ermöglicht es uns, tief in uns selbst zu gehen und eine Quelle der Ruhe und Gelassenheit zu entdecken, die unabhängig von äußeren Umständen existiert. Mit Reiki können Sie lernen, in jeder Situation gelassen zu bleiben und Ihre innere Balance zu stärken. Entdecken Sie, wie diese uralte Praxis Ihr Leben transformieren kann.

## Sich Überblick verschaffen

Inmitten von Stress und Chaos kann es schwierig sein, den Überblick zu behalten und klare Entscheidungen zu treffen. Reiki unterstützt dabei, Klarheit und Fokus wiederzuerlangen. Durch die Harmonisierung der Energiezentren hilft Reiki, den Geist zu beruhigen und die Perspektive zu erweitern. So können Sie komplexe Situationen besser durchdringen und eine fundierte Übersicht gewinnen. Erfahren Sie, wie Reiki Ihnen dabei helfen kann, Ihre Gedanken zu ordnen und die Kontrolle über Ihr Leben zurückzugewinnen. Tauchen Sie ein in eine Praxis, die Ihnen nicht nur Gelassenheit, sondern auch Klarheit und Übersicht bringt.

## Positiv denken

In jeder Herausforderung steckt die Chance für Wachstum und Veränderung. Reiki hilft dabei, Situationen in einem neuen Licht zu betrachten und eine positive Denkweise zu fördern. Indem wir die Energieblockaden lösen und unser Energiesystem ausgleichen, öffnen wir uns für neue Perspektiven und positive Gedankenmuster. Reiki lehrt uns, die Liebe und das Positive in allem zu sehen, was ist. Durch diese Praxis können wir lernen, selbst schwierige Situationen mit Optimismus und Hoffnung zu betrachten. Entdecken Sie, wie Reiki Ihre Sichtweise verändern und Ihr Leben mit positiver Energie erfüllen kann.

## Ein Helferteam zusammenstellen

In herausfordernden Zeiten ist es wichtig, sich auf ein starkes Unterstützungsnetzwerk verlassen zu können. Reiki kann Ihnen helfen, Ihre eigene Intuition und emotionale Klarheit zu stärken, sodass Sie erkennen, wer die liebevollen Freunde und Unterstützer in Ihrem Leben sind. Diese Menschen bilden Ihr Helferteam – diejenigen, die für Sie da sind, wenn Sie sie brauchen. Durch Reiki lernen Sie, diese Verbindungen zu schätzen und zu pflegen, und gleichzeitig auch, wie Sie anderen in Ihrer Gemeinschaft Unterstützung bieten können. Entdecken Sie, wie Reiki Ihnen hilft, ein vertrauensvolles und unterstützendes Netzwerk aufzubauen.

## Die eigenen Erfolge sehen

Oft sind wir so sehr auf zukünftige Ziele fokussiert, dass wir vergessen, unsere bisherigen Erfolge anzuerkennen. Reiki unterstützt uns dabei, innezuhalten und die eigenen

Errungenschaften zu würdigen. Durch die Arbeit mit universeller Lebensenergie fördern wir ein positives Selbstbild und lernen, stolz auf das zu sein, was wir bereits erreicht haben. Diese Praxis hilft uns, Selbstzweifel zu überwinden und unsere Stärken zu erkennen. Erfahren Sie, wie Reiki Ihnen dabei helfen kann, Ihre Erfolge zu feiern und ein tiefes Gefühl von Zufriedenheit und Selbstbewusstsein zu entwickeln.

## Fokussiert bleiben

In einer Welt voller Ablenkungen ist es eine Herausforderung, den Fokus zu bewahren. Reiki hilft uns, innezuhalten und uns auf das Wesentliche zu konzentrieren. Durch die Arbeit mit universeller Lebensenergie fördern wir Klarheit und Zielstrebigkeit. Reiki unterstützt uns dabei, unsere Gedanken zu ordnen und die eigenen Errungenschaften zu würdigen, was unser Selbstvertrauen stärkt. Wenn wir stolz auf das sind, was wir bereits erreicht haben, fällt es uns leichter, fokussiert und motiviert zu bleiben. Erfahren Sie, wie Reiki Ihnen helfen kann, Ihre Ziele klar im Blick zu behalten und Ihre innere Stärke zu nutzen.

## Den eigenen Weg gehen

In einer Welt, die oft von Konformität geprägt ist, kann es verlockend sein, den scheinbar einfachen Weg der Menschenmassen zu wählen. Reiki unterstützt uns dabei, uns auf uns selbst zu besinnen und den Mut zu finden, unseren individuellen Weg zu gehen. Durch die Arbeit mit universeller Lebensenergie stärken wir unsere innere Stimme und Klarheit, was uns hilft, unseren einzigartigen Pfad zu erkennen und zu verfolgen. Reiki lehrt uns, dass jeder Mensch einen eigenen, wertvollen Weg hat, der respektiert und geehrt werden sollte.

Finden Sie durch Reiki den Mut und die Kraft, Ihren eigenen Weg zu gehen und Ihre authentische Reise zu gestalten.

## Die inneren Ressourcen aktivieren

Reiki lehrt uns, die Kraft unserer inneren Ressourcen zu erkennen und zu nutzen. Indem wir uns mit universeller Lebensenergie verbinden, können wir unsere Selbstheilungskräfte stärken und unser Wohlbefinden steigern. Es ist wichtig, unsere Grenzen zu kennen und uns rechtzeitig Pausen zu gönnen, um unsere Energie aufzuladen. Durch regelmäßige Reiki-Praxis lernen wir, achtsam mit uns selbst umzugehen und auf die Signale unseres Körpers zu hören. Entdecken Sie, wie Reiki Ihnen hilft, Ihre inneren Ressourcen zu aktivieren und ein Leben im Gleichgewicht zu führen.

## Sich selbst und dem guten Ausgang vertrauen

Reiki lehrt uns, dass es immer ein "Weiter" gibt und dass Vertrauen in uns selbst und in den guten Ausgang essentiell ist. Durch die Praxis von Reiki lernen wir, den gegenwärtigen Moment zu lieben und dankbar für die Geschenke des Lebens zu sein. Diese universelle Energie hilft uns, innere Blockaden zu lösen und positive Gedanken zu fördern, sodass wir Vertrauen in den Fluss des Lebens entwickeln. Reiki unterstützt uns dabei, in schwierigen Zeiten Hoffnung zu bewahren und darauf zu vertrauen, dass sich alles zum Besten wenden wird. Entdecken Sie, wie Reiki Ihnen helfen kann, sich selbst und dem guten Ausgang zu vertrauen und mit Zuversicht in die Zukunft zu blicken.

## Positiv in die Zukunft schauen

Reiki, die zeit- und raumlos ist, entspringt dem All-Einen und ermöglicht uns, mit einer konstruktiven Einstellung in die Zukunft zu blicken. Diese universelle Lebensenergie unterstützt uns dabei, negative Gedankenmuster aufzulösen und positive Energien zu fördern. Durch Reiki lernen wir, den gegenwärtigen Moment zu lieben und anzunehmen, was uns hilft, eine optimistische Perspektive für die Zukunft zu entwickeln. Da Reiki uns lehrt, dass die Zukunft bereits im Jetzt angelegt ist, können wir mit Vertrauen und Zuversicht auf das Kommende blicken. Entdecke, wie Reiki Dir helfen kann, positiv in die Zukunft zu schauen und mit Liebe und Dankbarkeit im Hier und Jetzt zu leben.

## Zusammenfassung und Reflexion

*Mit Reiki II klar und gesinnt,*
*findest Du deinen Weg, wie der Wind.*
*Mit Ruhe und Kraft,*
*wird Heilung geschafft,*
*und das Leben im Einklang gewinnt.*

Kurz zusammengefasst: Reiki II unterstützt Dich dabei, deinen eigenen, authentischen Weg zu finden und zu verfolgen, indem es deine innere Stimme stärkt und Dir Klarheit verleiht. Es lehrt Dich, deine inneren Ressourcen zu nutzen, um deine Selbstheilungskräfte zu aktivieren und dein Wohlbefinden zu steigern. Indem Du achtsam mit Dir selbst umgehst und Pausen einlegst, kannst Du ein Leben im Gleichgewicht führen.

Reiki vermittelt Dir, dass es immer ein "Weiter" gibt und dass Vertrauen in Dich selbst und den positiven Ausgang wichtig ist. Es hilft Dir, den gegenwärtigen Moment zu lieben, dankbar zu sein und positive Gedanken zu fördern. Diese universelle Energie löst innere Blockaden und stärkt dein Vertrauen in den Fluss des Lebens, sodass Du Hoffnung bewahren und Zuversicht in die Zukunft entwickeln kannst.

Reiki II ermöglicht Dir, mit einer konstruktiven Einstellung in die Zukunft zu blicken, negative Gedankenmuster aufzulösen und positive Energien zu fördern – vor allem auch anderen Menschen zu helfen. Du lernst, die Zukunft im Jetzt zu sehen und mit Liebe und Dankbarkeit im Hier und Jetzt zu leben. Entdecke, wie Reiki II deine Heilung, Kompetenz, Erfahrung und Transformation unterstützt.

.

## Der Weg nach REIKI 2 – Möglichkeiten und Perspektiven

Der Abschluss des zweiten Reiki-Grades eröffnet Dir eine Welt neuer Möglichkeiten und Perspektiven. Nach der intensiven Ausbildung und den tiefgehenden Erfahrungen des Reiki 2-Kurses bist Du nun bereit, deine Fähigkeiten zu erweitern und zu vertiefen. Die erlernten Symbole und Techniken ermöglichen es Dir, nicht nur körperliche Heilung zu fördern, sondern auch emotionale und spirituelle Ebenen zu erreichen. Du kannst nun Fernheilung praktizieren und die universelle Lebensenergie über Zeit und Raum hinweg senden.

Reiki ermutigt Dich zur kontinuierlichen Reflexion und Weiterentwicklung. Du lernst, wie Du deine innere Weisheit nutzen kannst, um anderen zu helfen und dein eigenes Leben positiv zu gestalten. Die neu gewonnenen Perspektiven und die verstärkte Verbindung zur universellen Energie geben Dir die Werkzeuge, um Herausforderungen mit Gelassenheit und Zuversicht zu begegnen.

Reflektiere über deine bisherigen Erfahrungen und erkenne die tiefen Veränderungen, die Reiki in dein Leben gebracht hat. Welche neuen Möglichkeiten siehst Du für deine persönliche und spirituelle Entwicklung? Welche Perspektiven haben sich durch deine erweiterte Reiki-Praxis eröffnet? Lasse Dich von diesen Fragen leiten und entdecke, wie der Weg nach Reiki 2 dein Leben bereichern und transformieren kann.

Wenn Du über eine Selbständigkeit nachdenkst, findest Du hilfreiche Tipps im ersten Seminarbuch. Diese bieten Dir eine erste Orientierung. Darüber hinaus gibt es zahlreiche Beratungsstellen, die Unterstützung bieten, sowie möglicherweise Menschen in Deinem Umfeld, die diesen Schritt bereits erfolgreich gegangen sind. Scheue Dich nicht, auch sie um Rat zu fragen.

## Schlußbemerkung

Ignatius von Loyola soll zu einem Mann gesagt haben: „Ich sehe Dich immer lachen, mein Teuerster! – Das freut mich: Wer sich Gott geweiht hat, hat keinen Grund zur Trauer, sondern sollte fröhlich sein."

Dieses Zitat hat auch für mich im Zusammenhang mit REIKI große Bedeutung. Am Ende dieses Seminars hast Du nun die Möglichkeit, Dich weiterhin aktiv für den Strom des REIKI zu öffnen. REIKI steht Dir immer zur Verfügung und begleitet Dich. Mit den Symbolen und Techniken des REIKI II kannst Du noch tiefer in die Welt des REIKI eintauchen, anderen Menschen helfen und vielleicht auch deinen eigenen Lebensweg bereichern.

Übe bitte weiter, so oft es Dir möglich ist. Bleibe aufmerksam gegenüber Dir selbst und deiner Umgebung. REIKI ist mehr als „nur" Handauflegen – REIKI ist die Möglichkeit, ein neues Leben zu führen, ein Leben in ständiger Transformation und Wachstum.

REIKI ist ein mächtiges Werkzeug. Handle daher verantwortungsvoll und verweise deine Klienten immer auch auf die Unterstützung von Ärzten und Heilpraktikern. Denn am Ende geht es vor allem um eines:

**Gesundheit!**
**Ein Leben in Fülle und Frieden.**

**Literatur, die Einfluss auf den Text hatte:**

1. Reiki – Die heilende Kraft der Hände, Eurobooks Cyprus Ltd 1999

2. REIKI ganz klar!, Frank A. Petter, Windpferd 2005

3. Das Reiki Feuer, Frank A. Petter, Windpferd 1997

4. Original Reiki-Handbuch des Dr. Mikao Usui, Mikao Usui/Frank a. Petter, Winpferd 1999

5. Die Praxis des Reiki, Dai Komio, Goldmann Arkana1997

6. REIKI – Wohlbefinden durch die Heilkraft der Hände, Brigitte Glaser, Mosaik bei W. Goldmann Verlag, 2001

7. Das REIKI Handbuch, Water Lübeck, Windpferd Verlagsgesellschaft, 1990

8. Die REIKI Praxis, Beate Blaszok/Wulfing von Rohr Urania Verlags AG 1996

9. Reiki-Terapie, Satyam S. Kathrein, Mosaik Verlag 2006

10. Reiki – universelle Lebensenergie, Bodo J. Baginski/Shalilia Sharamon, Synthesis-Verlag 1985

11. WabiSabi – Nicht perfekt und trotztdem glücklich, Chistopher A. Weidner, Knaur 2007

12. Folge dem Ruf deines Herzens, Chuck Spezzano, Heyne Verlag 2000

13. Spiele der Erwachsenen, Dr. med. Eric Berne, Rowolt Taschenbuchverlag 1990

14. "Reiki für Dummies", Nina L. Paul und Birgit Strunz, Wiley-VCH, 2010

15. Reiki in der therapeutischen Praxis, Mark Hosak, Haug; 2. Edition 2021

16. Meditation entschlüsselt, Andreas Schwarz, Goldmann, 2023

17. Ich Vergebe, Der radikale Abschied vom Opferdasein, Colin C. Tipping, Kamphausen Media GmbH, 2004

18. Lassen Sie der Seele Flügel wachsen, Weg aus der Lebensangst, Peter Lauster, Rowolt Taschenbuch Verlag GmbH, 1980

19. Du kannst es!, Durch Gedankenkraft die Illusion der Begrenztheit überwinden, Louise Hay, Wilhelm Heyne Verlag, 4. Auflage 2010

20. Neu denken, neu fühlen, neu leben, Gedanken, die das Leben verändern, Robert Betz Verlag, 3. Auflage 2018

21. Willst Du normal sein oder glücklich?, Aufbruch in ein neues Leben und Lieben, Wilhelm Heyne Verlag, 2011

22. Lieben was ist, Wie vier Fragen Ihr Leben verändern können, Byron Katie mit Stephen Mitchell, Wilhelm Goldmann Verlag, 2. Auflage 2002

23. 115 Ideen für ein besseres Leben, Vera F. Birkenbihl, mvg-Verlag, 3. Auflage 1998

24. REIKI I, Seminare I, Olaf Reinke, BOD GmbH, 2010

# Links

1. www.onnnea-hh.de
2. www.planet-wissen.de/kultur/asien/japan/pwiedershintoismuswegdergoetter100.html
3. www.reikiland.de
4. www.yumpu.com/de

Links: Stand 13.10.2024

Hinweis: Die oben gestellten Angaben erheben keines Falls den Anspruch einer Vollständigkeit. Wenn Du Fragen zum Gesamtthema hast, frage Fachleute, Vereinigungen wie den ProReiki – der Berufsverband e.V., Dachverband Geistiges Heilen e.V. oder andere oder nimm mit mir Kontakt auf.

# Antworten zu den Fragen

1. **Was bedeutet der Begriff "REIKI"?**
   REIKI bedeutet „universelle Lebensenergie" und bezieht sich auf die Energie, die durch alles Seiende fließt.

2. **Wer war Mikao Usui und welche Rolle spielte er in der Geschichte von REIKI?**
   Mikao Usui war der Begründer des REIKI-Systems. Er entwickelte diese Heilkunst, basierend auf seiner spirituellen Erfahrung und Erkenntnis der universellen Energie.

3. **Wer war Hawayo Takata und welche Rolle spielte sie in der Geschichte von REIKI?**
   Hawayo Takata brachte REIKI in den Westen. Sie wurde von Chujiro Hayashi, einem Schüler Usuis, ausgebildet und verbreitete REIKI in den USA und weltweit.

4. **Was sind die Dir bekannten Hauptziele und Vorteile der REIKI-Praxis?**
   REIKI fördert Heilung, reduziert Stress, verbessert das emotionale Wohlbefinden und unterstützt spirituelles Wachstum.

5. **Wie funktioniert die Dir bekannte Energieübertragung in der REIKI-Praxis?**
   Energie wird durch die Hände des Praktizierenden auf den Empfänger vermittelt, um Blockaden zu lösen und den Energiefluss zu harmonisieren.

6. **Nenne und beschreibe die fünf Lebensregeln des REIKI. Warum sind sie wichtig?**
   Gerade heute…

   > Sei ärgere Dich nicht.
   > Sorge Dich nicht.
   > Sei dankbar.
   > Arbeite hart an Dir selbst.
   > Sei freundlich zu anderen.

   Diese Regeln fördern inneren Frieden und Harmonie im Alltag.

7. **Wie kann REIKI bei körperlicher Heilung helfen?**
   REIKI aktiviert die Selbstheilungskräfte des Körpers, lindert Schmerzen und unterstützt die Regeneration.

8. **Welche Rolle spielt die Intention in der REIKI-Praxis?**
   Die Intention lenkt die Energie und ist entscheidend für die Wirksamkeit der REIKI-Sitzung.

9. **Was versteht man unter der Selbstbehandlung in REIKI und wie wird sie durchgeführt?**
   Die Selbstbehandlung erfolgt durch das Auflegen der Hände auf verschiedene Körperstellen, um sich selbst Heilung und Entspannung zu schenken.

10. **Erkläre, wie REIKI zur Reduzierung von Stress und Angst beitragen kann.**
    REIKI fördert Entspannung, harmonisiert das Energiesystem und hilft, stressbedingte Blockaden zu lösen.

## 11. Wie unterscheidet sich REIKI von anderen Heilmethoden?

REIKI nutzt die universelle Lebensenergie ohne den Einsatz von Medikamenten oder Techniken und wirkt ganzheitlich.

## 12. Was ist die Bedeutung der Hände in der REIKI-Praxis?

Die Hände dienen als Kanäle für die Energievermittlung auf den Empfänger.

## 13. Wie kann REIKI spirituelles Wachstum fördern?

REIKI öffnet das Bewusstsein für die Verbindung zur universellen Energie und fördert inneres Wachstum und Klarheit.

## 14. Was sind die wesentlichen Voraussetzungen für die Ausübung von REIKI?

Eine REIKI-Einweihung durch einen Meister und die Bereitschaft, mit der universellen Energie zu arbeiten.

## 15. Beschreibe den Prozess und die Bedeutung der 21 Tage der 'Reinigung' nach der REIKI-Einweihung.

Nach der Einweihung erfolgt ein 21-tägiger „Reinigungs- oder Besinnungsprozess", in dem der Körper und Geist energetische Blockaden lösen und sich neu ausrichten.

## 16. Wie kann REIKI in den Alltag integriert werden?

REIKI kann durch tägliche Selbstbehandlungen, Meditation und das Praktizieren der Lebensregeln in den Alltag eingebunden werden.

17. **Was sind die ethischen Richtlinien für einen REIKI-Praktizierenden?**
Respekt, Mitgefühl und die Verantwortung, REIKI stets zum Wohl des Empfängers einzusetzen, sind zentral.

18. **Erkläre, wie REIKI die Lebensqualität verbessern kann.**
REIKI bringt Harmonie, fördert körperliche und emotionale Gesundheit und stärkt das spirituelle Wohlbefinden.

### 19. Was sind die häufigsten Missverständnisse über REIKI?

Oft wird REIKI mit Religion verwechselt oder als reine Placebo-Wirkung abgetan, obwohl es eine eigenständige Heilmethode sein kann.

### 20. Wie kann REIKI die geistige Klarheit und Konzentration verbessern?

REIKI beruhigt den Geist, löst mentale Blockaden und fördert Fokus und Klarheit.

### 21. Welche Wirkung hat REIKI auf das emotionale und mentale Wohlbefinden?

REIKI hilft, emotionale Blockaden zu lösen, fördert Gelassenheit und bringt inneren Frieden.

## Der Autor

Olaf Reinke studierte Erziehungswissenschaften an der Universität Hamburg und sammelte anschließend langjährige Erfahrungen in der IT-Branche, sowohl bei Herstellern als auch bei Dienstleistern. Parallel dazu begann er eine Ausbildung im heilpraktischen Bereich und wurde in REIKI eingeweiht. Seit 2007 gibt er REIKI-Seminare und vermittelt sein Wissen an Interessierte weiter.

2013 entschied er sich, seine berufliche Laufbahn zu erweitern, und absolvierte eine Ausbildung zum Masseur und medizinischen Bademeister. Seitdem arbeitet er als Masseur und Lymphtherapeut in einer Klinik in Hamburg. Neben seiner medizinischen Tätigkeit widmet er sich weiterhin der geistigen Heilung und praktiziert privat REIKI.

2010 veröffentlichte Olaf Reinke sein erstes Buch „REIKI, Seminare I", das 2024 in einer neuen Auflage erschien. Im gleichen Jahr brachte er zudem sein drittes Werk „REIKI-Seminare IV, Die Lebensregeln, Betrachtungen" heraus.

## Danksagung

Ich möchte meinen herzlichen Dank an all jene aussprechen,
die zur Entstehung dieses Buches beigetragen haben.
Besonders hervorheben möchte ich Burkhard Scheidel, Jürgen
Voß und meine wunderbaren Schüler, die mich stets mit Rat
und Tat unterstützt haben. Euch allen gilt mein tiefster Dank!